세일즈맨의 죽음

세일즈맨의
죽음

하움출판사

일러두기

1. 이 책의 원문 인용은 Miller, Arthur. Death of a Salesman. New York: Penguin Books, 2000.을 사용했으며, 번역문 인용은 『세일즈맨의 죽음』(강유나 옮김, 민음사, 2021년)을 사용했다. 다만 필요에 따라 필자가 일부 수정하여 번역했음을 밝혀 둔다.
2. 인용문 끝에 표시된 괄호 안 숫자는 원문 도서의 페이지 번호이다.

차 례

2막

프롤로그

누구나 초보 인생을 삽니다. 처음 해 보는 아버지이고, 남편도 아내도 처음입니다. 그래서일까요? 서투르고 때로는 실수도 합니다. 만약 다시 할 수 있다면 그땐 더 잘할 수 있을 거란 생각도 듭니다. 하지만 안타깝게도 우리 인생에 되감기란 없지요.

여기 63세의 늙은 아버지가 있습니다. 그의 이름은 윌리 로만입니다. 미국의 여러 도시를 다니며 물건을 파는 세일즈맨이죠. 젊어서부터 이 일을 평생 해 왔습니다. 하지만 황혼의 나이에 돌아보니 별로 이뤄 놓은 것도 없습니다. 아직도 할부금이 끝나지 않은 낡은 집, 자주 고장 나는 자동차, 그리고 변변찮은 살림살이가 전부입니다.

늙어 그런지 이젠 영업 실적도 신통치 않습니다. 그동안 알고 지내던 거래처 사람들은 대부분 죽거나 퇴직했습니다. 새로운 사람들은 이제 그를 잘 알지 못합니다. 그러다 보니 영업이 더 어렵고 실적도 자꾸 떨어집니다. 영업 실적이 좋지 않은 그를 회사가 대우해 줄 리가 없죠. 이젠 회사도 대놓고 그를 무시합니다. 지난 34년간 청춘을 다 바쳐 근무한 회사지만 이젠 봉급도 안 줍니다. 원로급 사원인데 그냥 신입 사원처럼 판매 수당만 주는 겁니다. 속상하고 자존심이 상하지만 어쩔 수가 없습니다.

그래도 집에서는 내색하지 않고 남편과 아버지 역할을 다 하려고 노력합니다. 가장의 책임은 감당해야 하니까요. 친구에게 돈을 빌려서 월급인 양 아내에게 갖다줍니다. 자식들 앞에서도 초라한 아버지의 모습을 보이지 않습니다. 오히려 자신은 어디서든 환영받는 능력 있는 사람이라고 뻐깁니다. 물론 허풍입니다. 사실은 그와 정반대죠. 이런 그를 사람들은 무책임한 허풍쟁이라고 비웃습니다.

윌리는 두 아들에게 큰 기대를 걸고 있습니다. 자신이 못 이룬 성공의 꿈을 아들이 대신 이뤄 주길 바라는 거죠. 특히 큰아들 비프에게 특별한 애정과 기대를 겁니다. 비프는 여러 대학교에서 스카우트하려고 했던 고교 미식축구부 주장 선수였기 때문이죠. 그의 건강한 체격과 외모는 그리스신화 속 아도니스처럼 멋지다고 생각합니다. 다소 거칠고 도벽도 있지만 그냥 남자다운 기백이라고 좋게 넘겼습니다. 남들이 욕해도 귀담아듣지 않았습니다. 눈에 넣어도 아프지 않은 소중한 내 아들이었으니까요.

하지만 기대와 달리 아들은 아버지를 실망시킵니다. 대학은 입학도 못 했습니다. 게다가 30대 중반이 되도록 변변한 직장도 없이 떠돌고 있습니다. 아버지는 너무 답답하고 속상합니다. 그래서 아들을 사랑하지만 볼 때마다 아들과 다투고 부딪힙니다. 아들도 아버지에게 불만이 많습니다. 남들 아버지처럼 크게 성공해서 큰돈을 벌지도 못했습니다. 그렇다고 성격이 좋은 것도 아닙니다. 아버지는 자식을 사랑만 했지 현명하게 교육하지도 못했습니다. 게다가 도덕적으로 큰 실수도 했습니다. 그래서 아들은 아들 대로 이런 못난 아버지를 못마땅해합니다.

윌리는 결국 직장에서 해고됩니다. 한평생 몸담았던 회사지만 이젠 더 이상 가치가 없다는 의미죠. 젊은 사장에게 인간적인 정으로 호소해 보지만 거절당합니다. 비즈니스 세계는 냉정했습니다. 그날 아들은 아버지의 아픈 가슴에 돌을 던집니다. 아버지는 실패한 '싸구려 인생'이라고 비난하는 것이죠. 사랑하는 아들에게서조차 가치를 인정받지 못하는 겁니다.

아버지는 결국 자신의 소중한 생명을 내줍니다. 자신의 생명 보험금으로 아들의 사업 자금을 마련해 주는 겁니다. 그 돈으로 아들이 재기하기를 기대하면서 말이죠. 그런데 더 서글픈 것은 아들이 이런 아버지의 마음을 몰라준다는 겁니다. 아버지의 장례식에서 아들은 오히려 아버지가 어리석었다고 원망하죠. 글쎄요. 우리는 윌리의 인생을 어떻게 봐야 할까요. 아들 말대로 현실을 제대로 보지 못했던 어리석은 사람일까요? 아니면 자신의 가치와 존엄을 위해 애쓰는 비극적 영웅(tragic hero)일까요?

과거 미국 유학 시절, 수업 중에 이 문제를 놓고 토론이 벌어졌습니다. 당시 저는 윌리가 '비극적 영웅'이라고 주장했습니다. 비록 허물도 많지만 가족을 위해 헌신하는 한국의 아버지들과 비슷하다고 말했습니다. 그러자 한 미국 학생이 "그는 단지 조현병 환자(schizophrenia)일 뿐이에요."라면서 반대했습니다. 그 학생은 매우 차갑고 냉정하게 윌리를 평가하고 비판했습니다. 그날 영어 말하기 실력이 딸려서 시원하게 반박해 주지 못한 게 지금도 아쉽습니다. 여러분은 윌리를 어떻게 생각하시나요?

이것은 1949년에 나온 미국 극작가 아서 밀러(Arthur Miller)의 『세일즈맨의 죽음(Death of a Salesman)』 이야기입니다. 미국 연극의 최고 고전이자 현대 비극의 전형으로 평가받는 유명한 작품이죠. 그런데 이 이야기가 왠지 우리에게도 낯설지만은 않은 것 같습니다. 과거 우리 아버지들 얘기처럼 들리기도 하기 때문이죠.

이제부터 약 100년 전 미국 뉴욕에서 살았던 어떤 아버지의 슬픈 이야기를 꼼꼼히 읽어 보겠습니다. 그리고 이 이야기가 시사하는 인문학적 의미는 무엇인지도 생각해 보겠습니다. 아울러 이 책은 필자가 대학교에서 강의한 내용을 강의실 밖 일반인들을 위해서 쉽게 요약한 것입니다. 『세일즈맨의 죽음』을 깊게 읽고 싶은 분들에게 도움이 되었으면 좋겠습니다.

독자 여러분을 환영합니다.

1막

세일즈맨의 죽음
Death of a Salesman

성공해야 한다는 부담감

작품은 이런 무대 지시문으로 시작된다.

플루트 선율이 들린다. 잔잔하고 섬세하며, 풀밭과 나무와 지평선을 떠올리게 하는 음악이다. 막이 오른다. 정면에 세일즈맨의 집이 있다. 고층으로 솟아오른 각진 건물들이 그 집을 온통 둘러싸고 있다. 푸른 하늘빛이 집과 앞 무대만 비춘다. 나머지 부분은 성난 듯 오렌지색으로 타오른다. 차츰 밝아지면서, 작고 부서질 것 같은 집 주위로 견고한 아파트 요새가 보인다. 이 집에는 현실에서 스며나오는 꿈과 같은 분위기가 감돈다.(7)

이 무대 지시문에는 많은 것들이 암시되어 있다. 우선 플루트 음악이다. 웅장한 관악과 달리 말 그대로 잔잔하고 섬세하다. 마치 주인공 윌리 로만(Willy Loman)의 섬세하고 인간적인 심성을 보여 주는 듯하다. 윌리는 치열한 자본주의

가 지배하는 대도시에 거주하지만 그의 마음은 아직 전통적
이다. 사람 냄새 나는 따뜻한 인간관계와 인정을 중시하기
때문이다. 이것은 물질주의와 개인주의가 지배하는 대도시
에는 어울리지 않는 과거의 전통적 가치들이다. 그런 의미
에서 그는 전원적인 시골의 삶이 더 어울리는 인물이다. 첫 장
면부터 윌리가 자신의 천성에 맞지 않는 삶을 살고 있다는 암
시를 보여 준다.

인생에서 선택은 중요하다. 만약 잘못 선택했다면 빠르게
적응하는 능력이라도 있어야 한다. 하지만 안타깝게도 윌
리는 변화하는 환경에 빠르게 적응하는 능력마저도 부족하
다. 그러다 보니 실패와 좌절은 필연적일 수밖에 없다. 개인
이 하루아침에 사회를 바꾸거나 이길 순 없다. 고전 비극의
주인공들이 피할 수 없는 운명과 싸우다 파멸했듯이 윌리는
거대한 사회와 싸운다. 당연히 패배할 수밖에 없다. 윌리가
느끼는 그 분노와 좌절감이 무대 위 오렌지색 조명으로 표
현된다.

막이 오르면 무대 위에 작고 초라한 집 한 채가 모습을 드러
낸다. 바로 주인공 윌리의 집이다. 주변의 커다란 아파트들이

이 집을 에워싸고 있다. 마치 작은 집을 위협하는 듯하다. 그 위세에 눌려 작은 집은 금방이라도 부서질 것만 같다. 문학적 상징으로 볼 때 이것은 윌리의 상황을 대변해 준다. 사회적으로, 그리고 심리적으로 그는 지금 위축되고 억압된 상태다. 주변의 거대한 아파트들은 그를 둘러싼 사회적 억압의 상징이다. 그 억압 중에는 성공에 대한 부담감도 있다. 나도 남들처럼 빨리 큰돈을 벌고 성공해야 한다는 압박감 말이다. 그것이 큰 부담감으로 그를 억누른다. 이렇게 무대 지시문은 억압된 주인공의 상태를 잘 함축해 주고 있다.

우리도 각자 비슷한 압박과 부담감 속에서 살고 있다. 학생은 성적, 직장인은 업무 성과, 그리고 사업하는 사람은 영업 실적이 부담이다. 집안에서는 남편과 아버지로서, 아내와 어머니로서의 책임과 기대가 우리를 억누른다. 때론 스스로에게 부여하는 기대와 욕망도 큰 부담이 된다. 이런 부담감에 부응하기 위해서 우리는 애쓰고 노력한다. 하지만 노력한 만큼 결과가 나오지 않을 때 우리는 왜소함과 무력감을 느낀다. 금방이라도 부서질 것 같은 공포감도 느끼기도 한다. 그런 의미에서 무대 첫 장면은 바로 지금 우리가 사는 세상이다. 남 얘기가 아닌 바로 우리 얘기라는 의미도 된다.

인생의 무거운 가방

윌리는 63세의 세일즈맨이다. 요즘엔 별로 늙은 나이가 아니지만 과거엔 은퇴 시기가 지난 노인이다. 그는 청년 시절부터 세일즈맨으로 일해 왔다. 무려 34년째 한 회사에서 일하고 있다. 그러니까 거의 청춘을 다 바친 셈이다. 한평생 수고하고 애썼지만 그 결실은 다소 실망스럽다. 작고 낡은 집 한 채가 전부이기 때문이다. 그나마 엄밀히 말하면 아직 그의 집도 아니다. 아직 주택 할부금이 끝나지 않았으니 말이다. 이번이 마지막 달이니까 이제 거의 끝나간다. 그렇다면 윌리는 할부로 산 집값을 갚느라고 청춘을 다 바쳤다고도 할 수 있다.

윌리의 이런 모습이 왠지 낯설지 않다. 우리도 대부분 장기 할부 융자로 아파트를 산다. 그리고 그 융자금을 갚다 보면 윌리처럼 청춘이 다 간다. 그래서일까. 첫 장면 배경으로 흐르는 플루트 음악이 구슬프게 들린다. 마치 이 집 사람들의 슬픔을 암시하는 듯하다. 오렌지빛 조명은 윌리의 분노를 표현하기도 한다. 흔히 비평가들은 이 연극을 평범한 소시민의 비극이라고 부른다. 이 시대를 살아가는 평범한 사람들의 슬픈 이야기이기 때문일 것이다.

윌리가 큰 가방 두 개를 들고 등장한다. 꽤 무거워 보인다. 세일즈맨의 필수품인 샘플 가방이다. 그는 지금 지방 출장을 갔다가 집에 돌아왔다. 무거운 가방을 들고 들어오는 그의 모습이 몹시 힘들어 보인다. 피곤한 기색이 역력하다. 거실 바닥에 가방을 놓고 손바닥을 만져 본다. 손바닥이 아픈 모양이다. 이렇게 무거운 샘플 가방을 하루 종일 어떻게 들고 다녔단 말인가. 세일즈 영업을 하다 보면 한두 군데 다닌 것도 아닐 텐데 말이다. 오늘 하루가 얼마나 고단했을지 짐작이 간다.

장거리 운전도 쉽지 않은 일이다. 윌리는 60이 넘은 나이임에도 매주 여러 도시를 운전하고 다닌다. 뉴욕에 살지만 영업지역이 다른 도시들이기 때문이다. 장거리 운전을 하다 보니 더 힘들고 피곤할 수밖에 없다. 사실 아무리 힘들어도 영업 실적만 좋다면 그나마 견딜 만할 것이다. 그러나 요즘 그는 거의 빈손으로 돌아온다. 영업이 예전 같지 않기 때문이다. 그래서 더 힘들고 피곤하다.

이 작품은 1930년대 미국을 배경으로 한다. 1929년 시작된 경제 대공황 때문에 세일즈 영업이 매우 어려워졌다. 경제가 호경기 때는 그래도 나름 노력의 대가가 있었지만 불경기는 그에게 실망과 좌절만 안겨 줬다.

불황 때문만은 아니다. 이젠 그가 늙었고, 세상도 많이 달라졌기 때문이다. 과거에 물건을 구매해 주던 영업 파트너들이 대부분 퇴직했거나 죽었다. 그들은 사정이 힘들어도 우정과 의리를 생각해서 윌리의 상품을 구매해 줬다. 하지만 이제 더 이상 인맥이나 우정은 통하지 않는다. 경제적 합리성을 최우선으로 여기는 각박한 세상이 되어 버린 것이다. 그 먼 길을 운전하고 갔다가 아무것도 팔지 못하고 빈손으로 되돌아올 때 늙은 세일즈맨의 마음은 어떨까? 첫 장면에서 윌리의 샘플 가방이 더 무겁게 느껴지는 이유다.

무거운 가방을 들고 힘겹게 걸어가는 윌리의 모습은 우리의 자화상이다. 우리도 삶이라는 각자의 무거운 가방을 들고서 살아간다. 윌리처럼 우리도 남편으로서, 아버지로서, 직장인으로서 내가 들어야만 하는 가방이 있다. 이 가방은 곧 내 삶의 의무다. 아무리 무거워도 내가 감당해야만 하는 나의 삶이다.

힘들면 잡념도 많아진다

인기척에 아내 린다(Linda)가 깜짝 놀라 일어난다. 아직 출장 간 남편이 돌아올 시간이 아니기 때문이다. 무슨 일이 생긴 걸까? 또 자동차 사고를 낸 것은 아닌지 걱정이 든다. 윌리는 아무 일 없다고 아내를 안심시킨다. 그러면서도 그는 운전을 할 수 없었다고 말한다. 이들의 대화를 들어 보자.

린다: 당신이에요?

윌리: 괜찮아, 내가 돌아왔소.

린다: 왜요? 무슨 일이 있었어요? (잠시 침묵) 무슨 일이라도 생겼어요? 여보?

윌리: 아니, 아무 일도 없었어.

린다: 또 차 사고를 낸 건 아니죠?

윌리: (약간 짜증스럽게) 아무 일도 없었다니까, 아까 한 말 못 들었소?

린다: 어디 불편하기라도 한 거예요?

> 윌리: 피곤해 죽을 지경이야. (윌리는 린다 옆 침대에 앉는다. 약간 멍해
> 서) 할 수가 없어. 이젠 도저히 할 수가 없어, 여보.
> 린다: 하루 종일 어디 있었어요? 아주 피곤해 보이는데.
> 윌리: 용커스보다 더 위로 올라갔었소. 커피 마시려고 잠시 섰지.
> 아마 그 커피 때문이었을 거야.
> 린다: 뭔가요?
> 윌리: (잠시 뒤) 갑자기 더 이상 운전을 할 수 없었어. 내 차가 자꾸
> 길가로 빠지는 거 있지?
> 린다: (거들어 주려는 듯) 저런, 또 핸들이 문제인가 보네. 안젤로는
> 우리 차를 수리할 줄 모르는 것 같아.
> 윌리: 아냐. 내가 문제야. 내가. 정신을 차려 보면 시속 100km로
> 달리고 있는데, 5분 전에 뭘 했는지 생각이 안 나. 내가 정신
> 을 집중할 수 없나 봐.
> 린다: 여보, 쉬어야 해요. 이런 식으로 계속 살 수는 없잖아요. (8-9)

윌리는 왜 운전을 할 수 없었을까. 늘 하던 일인데 말이다. 차에 이상이 생긴 것도 아니고, 안경 때문도 아니다. 그렇다면 잡념 때문이다. 영업이 안 되고 일이 맘같이 풀리지 않으니까 자꾸 잡념이 생긴다. 지금 윌리가 그렇다.

영업 부진뿐이 아니다. 아들 녀석도 큰 고민거리다. 나이 30대 중반이 되도록 방황하는 아들 때문이다. 오늘도 아들

녀석과 다투고 나왔다. 아버지로서 답답하고 속상한 마음에 아무리 좋게 얘기하려고 해도 이내 말싸움으로 변한다. 내 맘 같지 않은 자식 때문에 속상해 보신 분들이라면 아마도 윌리의 마음을 이해할 수 있을 것이다. 이렇게 마음이 힘드니까 윌리는 운전에 집중할 수 없다. 자꾸만 차가 도로를 이탈한다. 매우 위험한 상황이다.

게다가 지금 이 길을 가봐야 반겨줄 사람도 없다. 윌리는 이것을 잘 안다. 그 먼 도시까지 1,100km를 운전해 가도 실적 없이 돌아올 것이 뻔하다. 우리라면 과연 그 먼 길을 운전해서 가고 싶을까? 나라도 별로 가고 싶지 않을 것이다. 그래 좋다. 그래도 그냥 간다고 치자. 하지만 갔다가 돈 한 푼 못 벌고 먼 길을 빈손으로 돌아오는 사람 마음이 어떨까. 집에 가면 아내가 있고 자식들이 기다리고 있다. 아내에게 생활비도 줘야 하고, 여기저기 돈 들어갈 일은 많다. 그러니 왜 잡념이 안 들겠는가. 가장으로서 생각이 많아지는 것은 당연하지 않을까.

윌리는 차가 자꾸 도로에서 이탈한다고 말한다. 표면적으로는 그가 운전에 집중하지 못하고 차가 차선을 벗어난다는 의미다. 하지만 문학적 상징으로 해석하면 그가 지금 삶의 궤도에서 이탈하고 있다는 것을 의미한다. 다시 말해 지금 직장과 가정에서 벗어나고 있다는 것이다. 이는 그의 죽음을 암시하는 복선으로 볼 수도 있다. 실적이 떨어지다 보니 회사에서의 존재 가치가 떨어진다. 가정에서도 마찬가지다. 전통적으로 가정 경제를 담당하는 것은 가장의 책임이다. 수입이 줄면서 남편이자 아버지로서의 위신도 상실되는 느낌마저 들었을 것이다. 자신의 존엄성이 크게 위협받는 상황이 아닐 수 없다. 그렇게 보면 지금 윌리가 운전을 제대로 할 수 없었다는 말이 이해된다.

창문 밖은 아름답다

월리가 오늘 운전 중에 경험했던 일을 아내에게 얘기한다. 새삼스럽게 주변 경치가 눈에 들어오더라는 것이다. 늘 다니던 길인데 전에는 느끼지 못했던 것이다.

월리: 나는 쭉 운전을 하고 있었소. 바깥 경치도 바라봤지. 매주 외근 다니는 내가 새삼스럽게 경치를 바라보다니, 그게 상상이 되오? 근데 여보, 창문 밖은 너무 아름다웠소. 나무가 무성하고, 태양은 따뜻하고 말이오. 나는 창문을 열고 따뜻한 바람을 쐬었지. 그런데 갑자기 내가 길가로 빠지고 있는 거야. 운전하고 있다는 것을 완전히 잊어버린 거라고. 만약 흰 차선 너머 다른 길로 들어갔다면 누군가를 치어 죽였을지도 몰라… 5분 뒤에 또 몽롱해져서 하마터면…. (손가락으로 눈두덩을 자꾸 누른다) 자꾸 생각이 나. 아주 이상한 생각이 난다고.(9)

이 대사는 우리에게 몇 가지를 암시해 준다. 우선 윌리가 낭만적인 성격이라는 점이다. 비록 도시에서 세일즈맨으로 생활하고 있지만 그는 자연 경치를 감상할 줄 아는 목가적인 성향도 있다. 그렇다면 치열한 경쟁과 자본주의 논리가 지배하는 세일즈맨 직업은 그의 적성에 어울리지 않을 수도 있다. 적성에 맞지 않는 일을 하고 있으니까 성공하기 어려운 것은 당연하다.

다른 관점에서도 생각해 볼 수 있다. 윌리는 오래전부터 늘 이 길을 운전하고 다녔다. 그래서 눈 감고도 갈 정도로 이 길을 훤히 안다. 갈 때는 빨리 영업할 욕심에 서두르고, 돌아올 때 빨리 집에 가고 싶은 조급함이 있었을 것이다. 때로는 바쁜 일정 때문에 늦은 밤중에 오기도 했다. 그러다 보니 제대로 주변 경치를 볼 수가 없었을 것이다. 아니, 이렇게 아름다운 경치가 있다는 것조차 의식하지 못했다. 원래 마음이 바쁘면 주변이 잘 보이지 않는 법이다. 시급한 목표가 시야를 가리기 때문이다. 성공을 위해 바쁘게 매진하는 우리도 그렇지 않은가? 당장 해야 할 업무가 쌓여 있고, 달성해야 할 목표가 있는데 한가하게 주변이 보일 리 없다.

그런데 오늘 윌리의 눈에 주변 경치가 보였다. 그것은 그가 이제 여유가 생겼다는 것을 의미할 수도 있다. 이 말은 그가 이제 늙었다는 것을 의미하기도 한다. 이젠 그가 자신의 삶을 돌아보는 나이가 됐다는 것이다. 젊었을 땐 오로지 성공만 바라보고 달렸다. 말 그대로 앞만 보고 달렸다. 하지만 이젠 더 이상 그럴 힘도 없고, 그럴 의미도 별로 없다. 인생의 어느 시점이 되면 목표가 아니라 목적이 보인다고 한다. 윌리가 지금 그것을 자각하는 것이 아닐까.

지난날 그에겐 34년의 긴 시간이 있었다. 주변 경치를 볼 수 있는 좋은 기회였다. 하지만 그땐 보이지 않았다. 오늘 드디어 그것을 봤다. 그러나 아쉽게도 오늘 본 것이 마지막이 된다. 미리 말하자면 오늘이 그의 마지막 출장이었다. 그래서 더욱 아쉬움이 남는다.

내일 일을 모르는 게 인간이다. 나의 마지막 출장이 언제가 될지 그것은 아무도 모른다. 윌리가 그랬던 것처럼 말이다. 너무 당연하지만 우리는 종종 이것을 잊고 산다. 살면서 주변 경치를 볼 수 있을 때 많이 보고 즐기는 것이 현명하지 않을까. 지금 나도 너무 빠르게 달리고 있는 건 아닌지 생각해 본다. 속도를 줄여야 아름다운 창문 밖 경치가 보이니까 말이다.

나의 가치는 내가 평가한다

윌리는 내일 아침에 다시 출장을 가겠다고 말한다. 하지만 아내 린다가 말린다. 그녀는 회사에 불만이 많다. 60대의 늙은 남편을 매주 장거리 출장 보내는 것이 못마땅하기 때문이다.

린다: 여보, 다시 회사에 얘기해 보세요. 당신이라고 뉴욕 본사에서 일하지 못할 이유가 없잖아요.
윌리: 뉴욕에는 내가 필요 없어. 난 뉴잉글랜드 담당이고, 그곳에선 내가 펄펄 난다고.
They don't need me in New York. I'm the New England man. I'm vital in New England.(10)

뉴잉글랜드는 미국의 뉴욕시 인근 지역을 의미한다. 윌리는 자신이 뉴잉글랜드 지역에서 "펄펄 나는 사람(vital)"이라고 말한다. 근데 정말 그럴까? 어쩌면 과거엔 정말 펄펄 날았을지 모른다. 하지만 지금은 아니다. 매번 실적도 없이 빈손으로 돌아오기 때문이다. 그러니까 이 말은 윌리의 과장이고 허풍이다. 하지만 아내는 묻지도 따지지도 않고 그냥 믿어 준다. 굳이 남편의 자존심을 상하게 하고 싶지 않아서다.

대신 아내는 이렇게 말한다.

린다: 하지만 당신은 지금 예순이에요. 그 나이에 매주 외근을 나갈 수는 없다고요.
윌리: 포틀랜드에 전보를 보내야겠어. 내일 아침 10시에 브라운 앤드 모리슨 상사에서 온 사람을 만나 샘플을 보여 주기로 했거든. 물건을 팔아야지, 젠장! (재킷을 다시 입기 시작한다)
린다: (재킷을 벗기며) 내일 하워드 사장에게 가서 뉴욕에서 일하겠다고 말하면 안 돼요? 당신은 너무 고분고분해요, 여보.(10)

린다는 내일 하워드(Howard) 사장에게 본사 근무를 요구하라고 독려한다. 60이 넘은 노인에게 매주 장거리 출장을 시키는 것은 너무하다고 따지라는 것이다. 아내가 자신을 두둔해 주자 윌리의 어깨에 힘이 들어간다.

윌리: 만약 와그너 회장님만 살아 있다면 나는 지금쯤 뉴욕 책임자
　　가 됐을 거야. 그 양반, 참 제왕 같고 주인다운 풍모가 있었
　　지. 그런데 말이야, 그 양반 아들 하워드 사장은 아무것도 몰
　　라. 내가 북쪽으로 처음 갔을 때만 해도 와그너 회사는 뉴잉
　　글랜드가 어디 붙어 있는지도 몰랐다고! 지금 이거 말이야,
　　다 내가 개척한 시장이라고.(10)

　윌리는 지난 34년 동안 뉴욕시 북부의 도시들을 누비면서
영업 활동을 했다. 사실상 회사를 위해 새로운 시장을 개척
한 것이다. 그 과정에서 윌리는 말 그대로 젊은 청춘을 다 바
쳤다. 그렇다면 이젠 그 공로를 봐서라도 그를 배려해 줘야
하는 것 아닌가. 원로급 사원에게 장거리 출장 대신 가까운
뉴욕시에서 근무하도록 배려해 주는 것이 인정일 것이다.
하지만 젊은 하워드 사장은 그렇게 하지 않는다. 그는 모든
것을 경제적 효율성의 관점으로 생각하고 판단한다. 인간적
인 도리와 인정을 중시하는 윌리와는 맞지 않는다. 사장은
윌리의 공로를 제대로 인정해 주지도 않는다. 그래서 그는
지금 실망하고 분노한다.

　정말로 윌리가 회사에 지대한 공헌을 했는지 여부는 정확
히 알 수 없다. 물론 본인의 착각이고 과장일 수도 있다. 하

지만 분명한 것은 세상이 언제나 나를 충분히 알아주는 것은 아니라는 것이다. 때로는 나의 노력과 헌신을 몰라주는 것 같다. 그래서 나는 더 서운하게 느껴질 때도 있다. 어디 회사만 그렇겠는가. 친구도 그렇고, 심지어 가족도 그럴 수 있다. 특히 온갖 애정을 다 쏟아부은 가까운 사람이 몰라준다면 그 상처와 배신감은 클 수밖에 없다.

그래서 우리는 철학이 필요하다. 철학이라고 해서 굳이 거창한 게 아니다. 나의 가치를 타인의 인정에서 구하지 않는 주체적인 마음이면 족하다. 내 삶의 의미를 스스로 부여하고 만족할 수 있으면 된다. 소위 자존감이다. 이게 없으면 쉽게 상처받고 좌절할 수 있다. 상황이 어렵고 힘들수록 이것이 더 필요하다. 지금 윌리도 이것이 필요하지 않을까. 물론 우리도 마찬가지다.

변화를 강요하는 세상

린다는 오늘 미국 치즈를 사 왔다. 평소 사던 것과 다르지만 남편이 좋아할 것으로 기대했다. 이 부분을 읽어 보자.

린다: 여보, 나 오늘 새로 나온 미국 치즈를 사 봤어요. 거품 치즈예요.

윌리: 난 스위스 치즈가 좋은데 왜 미국 치즈를 산 거야?

린다: 그냥 한번 바꿔 보는 것도 좋아하실 거라 생각했죠.

윌리: 난 바꾸는 거 싫어. 그냥 스위스 치즈가 좋다고. 근데 왜 자꾸 나와 다르게 하는 거냐고?

I don't want a change! I want Swiss cheese. Why am I always being contradicted?(12)

린다의 예상이 빗나갔다. 윌리는 변화를 싫어한다. 그냥 먹던 대로 스위스 치즈가 더 좋다. 제품의 질적인 차이보다는 아마도 변화 그 자체가 싫은 모양이다. 아내는 새로운 치즈로 샌드위치를 만들어 주려다가 무안만 당했다. 심기가 불편한 남편은 계속 짜증을 낸다.

> 윌리: 이런 젠장, 왜 창문을 열어 놓지 않은 거야?
> 린다: (무한한 인내심으로) 여보, 지금 다 열려 있어요.
> 윌리: 저기 저것들이 우리를 여기 가두어 놓은 꼴 좀 보라고. 온통 벽돌과 창문, 벽돌과 창문뿐이라니까.
> 린다: 옆집 땅을 샀어야 했어요.(12)

　이번엔 창문을 왜 닫아놨느냐고 타박한다. 이미 열려 있는데도 말이다. 윌리는 마음에 드는 게 하나도 없다. 이번에는 동네가 마음에 안 든다고 짜증을 낸다. 집 주위를 둘러싼 아파트들이 싫은 것이다.

> 윌리: 거리엔 차들이 줄지어 섰어. 이 동네에선 더 이상 신선한 공기도 마실 수 없다고. 풀도 자라지 않고, 뒷마당에선 당근조차도 키울 수 없단 말이오. 저놈의 아파트를 못 짓게 하는 법이 있어야 해. 저쪽에 있던 멋진 느릅나무 두 그루 기억나나? 비프와 내가 그 사이에 그네를 매고 놀던 나무 말이오.(12)

　도시가 발달하다 보니 인구가 늘고, 거리는 자동차로 붐빈

다. 당연히 아파트와 고층 빌딩들도 많이 들어선다. 주변의 높은 건물들 때문에 윌리의 집에는 햇볕이 들지 않는다. 그 래서 텃밭에 채소도 심을 수 없을 지경이다. 그러다 보니 모든 것이 불만투성이다.

윌리는 라일락꽃 향기가 온 동네에 가득했던 옛날을 그리워한다. 그때는 주변에 고층 건물도 없었고 길에 자동차가 넘치지도 않았다. 하지만 이제 그런 시절은 사라졌다. 윌리는 인구 증가와 치열한 경쟁이 온 나라를 망치고 있다고 불평한다. 모든 것이 내 맘 같지 않고 불만스럽다. 하지만 세상이 바뀌는 것을 내가 막을 수는 없다. 내 맘에 안 든다고 화를 내 본들 무슨 소용이 있겠는가. 그리고 세상은 변하는데 과거에만 젖어 있는 것도 현명치 못하다.

윌리는 변화를 싫어한다. 냉정하게 말하면 시대 변화에 적응하지 못하는 인물이다. 새로운 치즈보다는 익숙한 옛것을 좋아하듯이 그는 과거의 방식을 고수한다. 이것이 그의 단점이자 파멸의 원인이 된다. 윌리를 보면서 우리도 자신을 되돌아볼 필요가 있지 않을까. 나는 변화를 거부하지 않고 시대에 맞게 나 자신을 변화시키고 있는지 말이다.

싫든 좋든, 우리는 지금 변화를 강요당하는 시대를 살고 있다. 그래서 개인과 기업은 물론 모든 조직에 있어서 변화는 이제 생존이 걸린 중요한 문제다. 대부분 이제까지 해 왔던 방식이 더 이상 통하지 않는다. 물론 변화를 좇아가는 것은 사람을 피곤하고 지치게 만든다. 그렇다고 변화에 미리 대비하기도 쉽지 않다. 변화가 어디서, 어떤 형태로 올지 모르기 때문이다. 그래서 참 어렵다.

요즘 많은 영역에서 인공지능과 기계가 사람을 대체하고 있다. 은행 등 공공기관은 물론이고 식당에서조차 주문과 서빙을 기계가 한다. 전자기기에 익숙지 않은 사람들은 불편을 느낄 수 있다. 하지만 그렇다고 윌리처럼 짜증만 내 봐야 별 소용이 없다. 그러니 변화를 거부만 할 게 아니라 받아들이고 포용하는 게 더 낫지 않을까. 변화가 우리 시대의 피할 수 없는 운명이라면 차라리 니체처럼 내 운명으로 끌어안고 사랑해 버리는 게 어떨까. 유행가 가사처럼 '아모르 파티(amor fati)[1] 하는 것도 나쁘지 않을 것 같다.

---

1) 아모르파티(amor fati): 라틴어로 amor는 사랑, fati는 운명을 뜻한다. 따라서 이 말은 나의 운명을 사랑하는 운명애를 의미한다. 넓은 의미로 주어진 내 삶을 사랑한다는 의미로도 해석될 수 있다.

아버지의 아픈 손가락

윌리의 마음을 괴롭히는 게 하나 더 있다. 바로 큰아들 비프(Biff)다. 그가 서른네 살이나 먹도록 아직도 자리를 잡지 못하고 방황하고 있기 때문이다. 요즘 식으로 말하자면 아직도 취준생이라고 해도 된다. 물론 요즘 관점으로 보면 서른넷이 그리 많은 나이는 아니다. 하지만 과거엔 그렇지 않았다. 그 나이쯤이면 번듯한 직장이 있고 결혼해서 가정도 꾸렸어야 할 나이다. 독립심을 중요하게 생각하는 전통적인 미국 문화에서는 더욱더 그랬다. 그런데 지금 비프는 아직 하나도 이루지 못한 상황이다. 그러니 아버지 마음이 답답할 수밖에 없다. 게다가 설상가상으로 아들이 점점 더 자신감을 잃고 주눅 든 모습까지 보이니 아버지는 더 속상하다. 그러다 보니 만나기만 하면 본의 아니게 아들과 자주 다투게 된다.

윌리: 아침에 내가 출근한 후에 그 녀석이 뭐라고 하던가?

린다: 여보, 그 애가 오자마자 그렇게까지 심하게 말할 필요는 없 잖아요. 제발 화 좀 내지 마세요.

윌리: 아니, 도대체 내가 무슨 화를 냈다는 거야? 난 그냥 요즘 돈 좀 버냐고 물었을 뿐이야.

린다: 하지만 여보, 그 애가 지금 어떻게 돈을 벌겠어요?

윌리: (걱정스럽기도 하고 화도 나서) 능력은 있는 놈인데 요즘 기가 죽었어. 아주 의기소침해졌다고. 내가 나간 다음에 뭐 잘못 했다고 하던가?

린다: 아주 풀이 죽었어요. 하지만 여보, 그 애가 당신을 얼마나 존 경하는지 알죠? 이제 곧 그 애가 자기 앞가림만 하게 되면 부 자간에 싸움도 더 이상 없을 거예요.

윌리: 고작 농장에서 일한다면서 어떻게 앞가림을 할 수 있겠어? 그게 어디 사람 사는 거야? 그까짓 농장에서 일해 가지고 어 떻게 제 앞가림을 한다는 거요? 어릴 때야 뭐 이것저것 경험 삼아 해 본다고 했지만, 지금 벌써 10년이 넘었소. 근데 아직 도 고작 일주일에 35달러밖에 못 벌고 있다니 그게 말이 되 냔 말이오.

린다: 이제 곧 자리를 잡을 거예요, 여보.

윌리: 아이고 맙소사, 서른네 살이나 되도록 저렇게 제 앞가림도 못 하고 저러고 있다니, 정말 한심한 노릇이오. 한심해.(10-11)

윌리는 큰아들 비프에게 어려서부터 큰 기대를 걸었다. 비프는 고교 시절 뛰어난 미식축구 선수였다. 여러 대학팀에서 그를 스카우트하려고 애썼다. 당연히 아들은 사람들에게 인기도 매우 높았다. 훤칠한 체격에 얼굴은 그리스신화 속 아도니스(Adonis)처럼 잘생겼다. 아도니스는 최고의 미녀 여신 비너스가 반했던 남자가 아니던가. 그러니 아버지의 자부심이 얼마나 대단했겠는가. 당연히 아들에 대한 기대도 컸다. 그런데 그렇게 멋지던 아들이 고등학교 졸업 후 10년 넘게 취직도 못 하고 방황하고 있다. 대학교도 진학하지 않았다. 그 멋진 아들 비프(Biff)가 말 그대로 고깃덩어리 비프(beef)가 되어 버린 것이다. 기대가 컸던 만큼 아버지의 실망도 클 수밖에 없다.

비프는 지금 시골 농장을 전전하며 주급 35달러밖에 못 번다. 잘난 내 아들이 최저임금 수준밖에 못 벌다니, 아버지는 속상하다 못해 울화통이 터진다. 그래서 아들만 보면 자신도 모르게 화를 내게 되고, 결국 말다툼을 벌인다. 홧김에 마음에도 없는 심한 말을 하기도 한다. 하지만 그렇다고 그가 아들을 진짜로 미워하는 것은 아니다. 오히려 세상 그 어떤 아버지보다도 더 아들을 사랑한다. 그래서 아버지 마음은 더 속상하다. 자식을 키워 본 부모라면 아마도 윌리의 이 마음을 이해할 수 있을 것이다.

물론 아들 비프도 편치는 않다. 34살의 나이에 아직 취직도 못 하고 있는 본인 마음은 오죽하겠는가. 불안하고 자존감도 크게 떨어진다. 그러다 보니 아버지가 하는 말이 모두 비난으로 들린다. 그래서 좋은 마음으로 시작한 대화도 이내 거칠어지기 일쑤다. 결국 부자간에 언성이 높아져서 싸움으로 변한다. 편안하게 쉬려고 집에 왔는데 집이 아니라 지옥처럼 느껴진다. 그래서 아들은 다시 집을 뛰쳐나간다. 이것이 늘 반복된다. 참으로 안타까운 일이 아닐 수 없다.

아버지의 과도한 기대도 아들에게는 부담스럽다. 내 능력은 안 되는데 아버지는 큰 성공을 기대하시니 말이다. 그러다 보니 아들은 아들 대로 과도하게 기대하는 아버지를 원망한다. 서로에게 상처 주고 상처받는 악순환이 반복된다. 못 할 짓이다. 요즘 우리 사회도 청년 취업난이 심각하다고 한다. 아직도 취업 준비 중인 다 큰 자식을 바라보는 우리 부모님들의 마음도 이와 비슷하지 않을까. 그래서 그런지 윌리 부자의 갈등은 왠지 남의 일 같지 않다. 아들을 "게으른 건달 녀석(a lazy bum)"(11)이라고 비난하던 아버지가 이내 말을 바꾼다.

윌리: 두고 봐. 언젠가 우리 아들 비프는 반드시 성공할 거야.
I'll put my money on Biff.(13)

그렇다. 잘났건 못났건 내 아들이 최고다. 윌리는 아들에 대한 희망과 기대를 절대 포기하지 않는다. 아니, 절대 포기할 수 없다. 아들의 인생이 곧 자신의 인생이라고 여기니까 말이다. 그래서 과도하게 아들에게 집착하고 자신의 인생을 살지 못한다. 물론 그가 아들을 지극히 사랑하고 기대하는 마음은 이해한다. 그래서 아버지로서 아들을 위해 모든 것을 해 주고 싶은 마음도 이해한다. 세상의 모든 아버지가 그럴 것이다. 좋은 일이다.

하지만 다른 관점에서 생각해 볼 수도 있다. 윌리처럼 내 인생의 모든 의미를 아들에게 거는 것은 위험하지 않을까. 자식을 사랑하지만 자식의 삶과 나의 삶은 별개다. 자식의 성공은 물론 기쁜 일이고 바라는 소망이다. 하지만 자식의 실패가 내 인생의 실패를 의미하지는 않는다. 아들의 삶과 자신의 삶을 동일시하는 것, 이것은 어쩌면 윌리의 치명적인 실수일 수 있다.

세상에 완벽한 직장은 없다

무대 조명이 비프와 해피(Happy) 두 형제가 머무는 방을 비춘다. 두 형제는 오랜만에 한방에서 잠을 잔다. 형제가 어려서부터 함께 쓰던 방이다. 아래층에서 아버지가 언성을 높이는 바람에 그들은 잠이 깼다. 비프는 창문 밖을 내다보며 동생과 대화한다.

두 형제는 청소년 시절 여자애들과 데이트했던 옛 추억을 떠올린다. 해피는 여자에 관한 모든 것을 다 형에게 배웠다고 너스레를 떤다. 첫 경험을 포함해서 말이다. 그땐 형 비프가 자신감이 넘쳤다. 잘생긴 외모에 뛰어난 운동선수였으니 여학생들에게 인기도 높았다. 남자로서 용기와 배짱도 컸다. 당연히 따르는 친구들도 많았다.

반면에 동생 해피는 그 당시 여자애처럼 수줍고 자신감도 없었다. 형의 꽁무니만 따라다니는 동생에 불과했다. 그런데 지금은 상황이 바뀌었다. 지금 해피는 남자다운 자신감이 넘치고 주변에 여자도 많다. 좋은 직장은 아니지만 나름 직장생활을 하면서 독립적인 생활을 한다. 그런데 형 비프는 요즘 자신감도 없고 잔뜩 주눅 든 모습이다. 그래서 해피가 형에게 묻는다.

해피: 형, 난 요즘 수줍음을 덜 타는데 형은 점점 더 수줍어하는 것 같아. 이상하잖아? 옛날의 유머 감각과 자신감은 도대체 어디로 간 거야? (해피가 비프의 무릎을 흔들자, 비프는 불안한 듯 방안을 배회한다) 도대체 왜 그러는 건데?(15)

　그렇다. 사람은 자기가 처한 상황에 따라 변하게 마련이다. 과거 자신감이 넘쳤던 비프였지만 상황이 어려워지니까 소심해진 것이다. 30대 중반이 되도록 변변한 직장도 없이 떠돌다 보니 자존감도 크게 떨어졌다. 게다가 아버지는 아픈 곳을 찌르면서 채근한다. 최고의 나라 미국에서, 그것도 장점도 많은 녀석이 아직도 방황하고 있냐고 말이다. 한마디로 여건이 이렇게 좋은데 뭐가 모자라서 성공을 못 하냐는 것이다. 하지만 이건 당사자에겐 큰 상처를 주는 비난으로 들릴 수 있다. 이런 상황에서 자신감을 유지하기가 쉽지 않을 것이다.

비프는 도시 생활을 싫어한다. 고작 2주의 휴가를 얻으려고 50주를 사무실에 처박혀 있어야 한다고 생각한다. 게다가 도시에는 치열한 경쟁이 있기 마련이다. 그래서 항상 옆 사람보다 앞서 나가야만 생존하고 성공할 수 있다. 비프는 그런 생활에 숨 막혀 한다. 그래서 여러 곳을 돌아다니며 수십 번 직장을 바꿔 봤다. 농장에서 동물들과 장난치며 주당 28달러를 벌어 보기도 했다. 하지만 그는 그 모든 게 허송세월이었음을 느낀다. 이젠 또 뭘 해야 할지도 모르겠다고 토로한다. 그가 동생에게 이렇게 말한다.

> 비프: 사실 난 미래를 모르겠어. 도대체 내가 뭘 해야 하는지도 모르겠다고.(16)

비프는 지금 자신이 뭘 해야 할지 모르겠다고 말한다. 그렇다고 그에게 꿈이 전혀 없는 것은 아니다. 그는 서부로 가서 목장을 운영하고 싶어 한다. 그래서 동생에게 함께 가자고 제안한다. 100여 년 전 많은 미국인이 황금을 찾아 서부로 떠났듯이 비프도 서부로 가고 싶어 한다. 다른 점은 비프는 지금 황금이 아니라 자신의 적성에 맞는 육체적인 일을 하기 위해서다. 그래서 여기저기서 일해 봤지만 마땅치 않아 오래 버티지 못했다. 결국 그는 정착하지 못하고 철새처럼 떠도는 신세가 되었다. 비프는 성공을 찾아 부유(浮遊)하는 현대인의 초상이라고 할 수 있다.

직업 선택에 있어서 적성은 중요하다. 자기 적성이 맞지 않는 분야에서 성공하기란 쉽지 않기 때문이다. 비프에게는 답답한 도시의 일이 맞지 않을 수도 있다. 오히려 그런 도시에서의 성공을 바라는 아버지가 문제일지도 모른다. 어쩌면 윌리는 실패할 수밖에 없는 잘못된 성공을 아들에게 기대하고 있는지도 모른다. 바로 잘못된 아메리칸드림이다. 적성에도 맞지 않고 치열한 경쟁 때문에 누구나 성취할 수도 없는 허구적인 꿈이다. 사실 윌리 자신의 삶이 이미 이를 증명하고 있다. 그럼에도 불구하고 윌리는 똑같은 실패의 삶을 아들에게 권하고 있다. 이것은 실수가 아닐까.

하지만 비프에게도 묻고 싶다. 세상에 자기 적성과 딱 맞는 일을 하는 사람이 과연 얼마나 되겠는가. 물론 그러면야 더할 나위 없이 좋겠지만 그건 쉽지 않은 일이다. 그리고 아무리 적성에 맞는다 해도 분명 일은 일이다. 일이 취미는 아니기 때문이다. 그러므로 적성도 중요하지만 일을 대하는 자세가 더 중요하지 않을까. 일을 하다 마주치는 난관들을 극복하는 힘은 적성보다는 일을 대하는 성실한 자세에서 나온다. 자기 일에 책임지는 프로다운 근성이 더 필요하다고 본다.

　흔히 사람들은 시쳇말로 '신의 직장'이란 말을 한다. 그러나 깊이 들어가 보면 세상에 그렇게 완벽한 직장은 없다. 말그대로 세상엔 없는 유토피아(Utopia)다. 어디든 다 나름의 애로와 어려움은 존재한다. 어디 일만 그런가. 함께 일하는 사람들도 그렇다. 맘에 드는 사람들만 골라서 함께 일할 수도 없다. 모든 것이 다 맘에 쏙 들길 바란다면 과욕이다. 그냥 내가 선택한 것을 사랑하고 묵묵히 감당해 내는 것, 그것도 직장생활 잘하는 한 가지 방법이 아닐까.

해피가 해피(happy)하지 않다

해피(Happy)는 형과 달리 씩씩하고 만족스러워 보인다. 비프처럼 자신의 직업에 대해서 심각한 고민도 없다. 이름 그대로 그는 해피(happy)한 것 같다. 차남이기 때문에 아버지의 기대감이 상대적으로 낮았던 탓도 있다. 서른두 살의 그는 남성적 매력이 넘친다. 그래서 주변에 여자들이 많이 따르고, 그것이 위안이 되는 듯하다.

하지만 깊이 들여다보면 아이러니하게도 해피(Happy)가 해피(happy)하지 않다. 겉모습과 달리 그의 마음속 내면에는 공허감이 가득하다. 그 역시 자신의 직장에 만족하지 못하기 때문이다. 형보다는 덜하지만 해피도 지금 방황한다.

> 해피: 도대체 내가 뭘 위해 일하고 있는지 모르겠어. 가끔 혼자서 아파트에 있다가 매달 내는 집세를 생각해 보면 완전 미친 짓 같아 보여. 근데 또다시 생각해 보면 그게 바로 내가 원하는 거란 말이지. 아파트, 차, 여자. 근데 말이야, 빌어먹을! 그래도 외롭긴 마찬가지야.(17)

좋은 아파트, 큰 차, 멋진 여자, 이것이 해피가 원하는 것이다. 물질적인 성공의 전형적인 전리품이다. 이것은 비단 해피만이 원하는 것은 아닐 것이다. 자본주의 사회에서 많은 사람이 이것을 얻기 위해 애쓰고 노력한다. 그러나 어쩌면 이것은 행복의 신기루에 불과하다. 해피가 그렇듯이 이것은 우리에게 진정한 행복과 만족감을 주지 못한다. 일시적인 마음의 허기를 채워 줄 뿐이다. 그렇다고 물질적인 풍요나 성공의 가치를 부인하자는 것은 아니다. 행복한 삶을 위해서 그것들은 매우 중요하다. 하지만 그들 못지않게 중요한 것은 우리의 마음이다. 인간은 의미 없이는 살 수 없는 존재이기 때문이다. 그래서 마음의 행복과 만족이 매우 중요하다.

해피가 추구하는 것들을 성취하는 것은 쉽지 않다. 자본주의 사회 생리상 치열한 경쟁에서 이겨야만 가능한 일이다.

세상엔 뛰어난 사람들이 많고 따라서 경쟁에서 이기기는 쉽지 않다. 모두가 1등이 될 순 없으니까 말이다. 그래서 해피는 자신의 직장 상사를 미워한다. 그가 출근할 때면 직원들이 깍듯이 인사를 한다. 연봉이 5만 천 달러나 되니 꽤 성공한 사람이다. 해피는 그를 부러워하면서도 한편으론 시기한다. 그렇다고 그처럼 성공할 능력은 없다. 그래서 그를 평가절하한다.

해피: 머리에 든 거라곤 내 새끼손가락만큼도 없는 놈이야.(18)

현실에서의 좌절감은 해피의 마음속에서 분노로 쌓여만 간다. 자신보다 우월한 상대를 인정하고 싶지 않다. 그렇다고 정당하게 경쟁해서 이길 능력도 없다. 결국 해피는 직장 상사를 실컷 때려 주고 싶다는 충동을 느낀다.

해피: 어떤 때는 가게에서 옷을 벗어 던지고 그 판매 주임 놈을 실컷 패 주고 싶은 마음이 들어. 내가 누구보다도 더 잘할 수 있는데 그까짓 하찮은 녀석의 지시를 들어야만 하니 말이야.(18)

직장생활을 하다 보면 나보다 무능해 보이는 사람이 더 높은 지위에 있다는 생각이 들 때도 있다. 그래서 자존심이 상하고 화도 난다. 지금 해피의 마음이 그렇다. 그래서 그는 꿈을 낮추고 살아갈 수밖에 없다고 한탄한다.

해피는 이런 좌절감을 여자를 유혹하는 것으로 보상받으려 한다. 그의 강점은 남성적인 매력이기 때문이다. 지위와 연봉이 높은 상사 앞에서 해피는 남자로서의 자존심에 상처를 입었다. 그는 상처받은 남성성을 상사의 약혼녀를 유혹함으로써 만회하려고 한다. 그래서 5주 후면 상사와 결혼할 여자 샬롯(Charlotte)을 유혹한다. 그러고는 그들의 결혼식에도 참석할 예정이라고 말한다.

이런 해피의 의식과 행동에는 심각한 윤리적 결함이 있다. 해피 본인도 이런 자신을 증오하고 있다고 말한다. 자본주의 사회에서 성공에 대한 지나친 집착과 경쟁심리가 만들어 낸 부작용이라 할 수 있다. 어쩌면 이것은 윌리가 아들에게 심어 준 지나친 성공에 대한 욕망 때문일지도 모른다. 또 윌리가 자신의 패배를 인정하지 못하는 것을 아들 해피도 배웠다고 주장할 수도 있다. 모두 일리 있는 주장이다. 그래서 이것도 아버지 탓이라고 아버지를 원망할 수도 있다. 하지만 아버지가 성공을 강조하긴 했지만 이렇게까지 하라고 가르치진 않았다. 이것을 잘못 가르친 아버지 책임으로 돌리는 것은 과하지 않을까. 성인이 된 자식은 이제 자신의 인생에 스스로 책임져야 한다.

성공한 사람은 정말 운이 좋아서 성공한 것일까. 물론 인생에 그런 측면도 없지는 않다. 흔히 '운칠기삼'이라고 하지 않던가. 그러나 항상 그런 것은 아니다. 어쩌면 내가 모르는 그 사람의 숨은 노력과 능력이 있는지도 모른다. 행운도 노력하고 준비된 사람에게 따르는 법이니까. 그러므로 타인의 성공을 섣불리 평가절하하는 것은 위험하다. 자신의 무능력과 패배를 합리화하는 수단이 될지도 모르기 때문이다. 그러면 발전이 어렵다. 인정할 것은 솔직히 인정하고, 자신을 객관적으로 돌아볼 수 있는 냉철함이 필요하다. 그래야 내가 성장하고 발전한다.

인생에서 아름답지 않은 시절은 없다

윌리는 혼자 중얼거리는 습관이 있다. 오늘도 그는 부엌에서 혼잣말을 한다. 그렇다면 그는 무슨 말을 하는 걸까? 윌리는 환상 속에서 지난날 어린 아들 비프에게 말한다. 그의 말을 한번 들어 보자.

> 윌리: 비프야, 여자애들 조심해라. 약속 같은 것은 절대 하지 마라. 절대 어떤 약속도 하면 안 돼. 여자애들은 네 말을 완전히 믿어 버리거든. 넌 아직 어려, 비프야. 그래서 여자애들한테 어떤 심각한 약속도 하면 안 된단다. 넌 너무 어려, 비프야. 먼저 학업에 전념해야 한다. 그다음에 자리를 잡으면 너 같은 남자 좋다고 쫓아다닐 여자애들은 많을 거다. 그랬니? 여자애들이 대신 돈을 냈다고? (소리 내어 웃는다) 얘야, 네가 정말 맘에 들었던 모양이구나.(21)

어린 시절 비프는 아버지의 보배였다. 물론 지금도 마찬가지다. 하지만 그때는 더 했다. 그리스 신화 속 아도니스처럼 잘 생겼고, 체격 좋고, 운동도 잘했다. 고등학교 미식축구부 에이스 주장 선수였다. 몇몇 유명 대학교에서 스카우트 하려고 경쟁할 정도였으니까. 어쩌다가 아들이 미소라도 지어 주면 사람들은 즐거워했다. 아들이 이 정도인데 아들 자랑 안 할 아버지가 있을까. 혹여 여자애들이 아들을 유혹할까봐 아버지는 걱정한다. 성공하고 출세할 때까지 여자는 조심하라는 것이다.

그랬던 큰아들 비프가 지금은 변했다. 과거의 멋진 모습은 사라졌고 지금은 마치 낙오자가 된 듯한 모습이다. 아버지로서는 이해할 수 없고 인정하기 싫은 현실이다. 그래서일까. 윌리의 혼잣말 대부분은 큰아들 비프에게 하는 말이다. 윌리의 마음은 온통 비프 생각으로 가득 찼기 때문이다. 그만큼 아들에게 애정이 많다는 뜻일 수도 있고, 아쉬움이 크다는 뜻일 수도 있다.

어려서부터 재능이 뛰어났던 자식이 지금 방황하고 있는데 왜 안 그러겠는가. 사람들이 아무리 무능하다고 손가락

질해도 아버지 마음은 다르다. 절대 남들처럼 보지 않는다. 그리고 절대 아들에 대한 기대를 포기할 수도 없다. 눈에 넣어도 아프지 않은 소중한 내 자식이니까 말이다.

월리는 중얼거리면서 점점 과거로 빠져든다. 아들과 함께 행복했던 과거의 추억에 젖는 것이다. 좋게 말하면 추억에 젖는 것이고 냉정하게 말하면 과거의 환상 속으로 빠져드는 것이다. 환상 속에서 어린 비프는 아버지에게 큰 기쁨을 주는 아들이다. 비프는 아버지의 승용차를 마치 기술자가 한 것처럼 반짝반짝 광택을 낸다. 아버지는 사랑스러운 아들에게 펀칭백을 선물로 사 주기도 한다. 당연히 아들은 흥분하면서 좋아한다. 월리 역시 자식들에게 멋진 아버지 노릇을 잘하고 있어서 행복하다. 하지만 이 모든 것은 과거의 아름다웠던 추억이다. 다시 돌아가고 싶지만 갈 수 없는 과거일 뿐이다.

월리의 목소리는 점차 커진다. 혼잣말을 마치 현실에서 말하듯이 크게 말하는 것이다. 그는 지금, 현실과 환상을 넘나들고 있다. 당연히 남들이 보면 미친 사람처럼 보인다. 혼자서 허공에 대고 말을 하니까 말이다. 어떤 사람들은 그가 조현병(정신분열증)을 앓고 있다고 냉정하게 말하기도 한다. 이 대목을 포함한 작품 곳곳에서 그의 정신이 불안정한 것은 분명하다. 물론 틀린 말은 아니다. 하지만 아름답던 과거를 잊지 못하는 감성이 강한 아버지로 볼 수도 있다. 좀 더 따뜻한 시선으로 말이다.

비프 역시 이런 아버지를 못마땅하게 여긴다. 심지어 그는 아버지가 이기적이고 멍청하다고까지 비난한다. 집 안팎에서 큰 소리로 헛소리를 하고, 자신의 마음속 감정을 여과 없이 드러내는 아버지가 싫은 것이다. 물론 객관적으로 볼 때 아들의 이런 반응도 틀린 것은 아니다. 하지만 왠지 아쉬운 마음도 든다. 아들이 아버지 마음을 너무 몰라주기 때문이다. 아들임에도 그는 그냥 남들처럼 냉정하게 아버지를 바라보고 판단한다. 자신을 그토록 사랑하는 아버지이건만 아들은 전혀 연민의 눈으로 봐 주지 않는다. 하긴 아들이 아버지를 이해하려면 세월이 더 필요할 것이다. 역시 사랑은 내리사랑인가 보다.

과거는 늘 아름답다. 현실이 힘들수록 과거가 더 아름답게 보이는 법이다. 그래서 인간은 본능적으로 추한 현실을 외면하고 아름다웠던 과거에 집착하는 경향이 있는 것 같다. 지금이 아니라 아름다운 과거가 진짜라고 믿고 싶어 하는 것이다. 윌리도 마찬가지다. 그는 초라한 현실을 직시하려고 하지 않는다. 현실의 무능한 실업자 아들이 아니라 과거의 인기 많고 멋진 아들이 진짜라고 믿고 싶어 한다. 어쩌면 그는 현실을 직시하지 못하는 게 아니고 안 하는 것일지도 모른다. 일부러 외면하는 것이다. 글쎄, 이것이 정신병일까, 아니면 아버지의 어리석지만 애틋한 아들 사랑일까.

나는 윌리를 이해한다. 이해한다고 해서 그가 잘했다는 것은 아니다. 다만 그의 마음에 공감하고 이해한다는 것이다. 하지만 윌리에게 이 말은 해 주고 싶다. 중요한 것은 지금 이 순간이라고. 과거가 아무리 아름다웠어도 과거는 이미 지나갔다. 그러니 우리는 과거가 아닌 현재를 살아야 한다고 말이다. 그리고 하나 더, 세상 모든 것은 변한다는 것을 인정하자는 거다. 세상에 영원한 것이 없듯이 비프도 지금 과거와 다르다. 고통스러워도 이것을 수용하고 인정해야 한다. 하지만 안타깝게도 윌리는 이것을 하지 못한다. 그래서 자신은 물론 아들의 삶마저 불행으로 이끈다.

인형같이 귀여운 딸이 한참 재롱부리던 시절이 있었다. 그 당시 나는 딸이 더 크지 말고 그냥 지금 이대로 있으면 좋겠다는 생각을 했다. 되돌아 생각해 보면 아빠로서 참 어리석고 이기적인 욕망이었다. 우리 인생에서 아름답지 않은 시절은 없다. 과거는 과거대로 아름다웠고, 오늘은 오늘대로 아름답다. 어제는 어제의 아름다움이 있었고, 오늘은 오늘의 아름다움이 있는 법이다. 그냥 각각의 아름다움이 다를 뿐이다. 이것을 인정하는 마음이 필요하지 않을까.

차라리 허풍쟁이 아버지가 낫다

윌리가 두 아들과 즐겁게 대화한다. 물론 그의 환상 속에서 일어나는 과거의 일이다. 문학 기법상 과거로 돌아가는 플래시백(flashback)으로 볼 수 있다. 이때는 그의 기억 속에 남아 있는 즐거웠던 시절이다. 윌리는 어린 두 아들에게 세차를 맡기고, 아이들은 신나서 아빠의 차를 닦는다. 아이들은 마치 기술자가 한 것처럼 반짝거리게 잘 닦았다. 세차가 끝나자 아버지는 아이들에게 선물을 준다. 아빠가 출장 가서 사 온 펀칭백이다. 남자아이들에게 펀칭백은 최고의 선물이 아닐 수 없다.

지금 이 순간 윌리는 아버지로서 어린 자녀들에게 우상과 같은 존재다. 최고로 행복한 순간이다. 큰아들 비프가 묻는다.

비프: 아빠, 다음엔 어디로 가세요? 아빠가 집에 안 계시니까 저희
　　가 쓸쓸했거든요.(23)

　아버지가 집에 없어 쓸쓸했다니… 아버지로서 이보다 더 듣
기 흐뭇한 말이 있을까. 이 말에 윌리는 매우 흡족해한다. 아버
지로서 자신의 존재 가치가 확실히 느껴졌기 때문이다. 으쓱해
진 아버지가 두 아들을 양팔로 끌어안으며 멋있게 말한다.

윌리: 비밀이니까 절대 아무한테도 말하지 마라. 아빠가 언젠가 곧
　　큰 회사를 차릴 거다. 그래서 더 이상 집을 떠나지 않을 거란
　　다.
해피: 아, 그래요? 그럼 옆집 찰리 아저씨처럼요?
윌리: 아니야. 찰리 아저씨보다야 더 큰 회사지! 찰리는 별로 호감
　　가는 사람이 아니야. 사람들이 좋아하기는 하지만 그렇게 인
　　기 있는 편은 못 되지.(23)

　윌리는 언젠가 자신도 사장님이 되어서 큰 사업을 할 것이
라고 말한다. 그것도 옆집 친구 찰리보다 훨씬 큰 회사를 차
릴 거라고 힘주어 말한다. 이것은 윌리의 꿈이다. 아버지로
서, 그리고 직장인으로서 그가 추구하는 소망이다. 하지만
사람들은 이것을 윌리의 허황된 꿈, '아메리칸드림'이라고

평가 절하한다. 실현 가능성이 거의 없기 때문이다. 그래서 그는 비현실적인 꿈을 꾸는 허풍쟁이라고 비판받기도 한다.

하지만 이것은 당시 많은 미국인이 가졌던 성공의 꿈, 즉 아메리칸드림이다. 윌리라고 해서 그런 꿈을 갖지 말란 법은 없다. 다만 결과적으로 그는 성공하지 못했을 뿐이다. 이것을 허황된 꿈이라고 비판하기는 어렵지 않을까. 그리고 그가 자식들 앞에서 아버지의 멋진 꿈을 말해 주는 것도 큰 잘못은 아닐 것이다. 비록 성공 가능성은 희박하더라도 꿈도 없는 나약한 아버지보다는 꿈이라도 꾸는 멋진 아버지가 더 낫지 않을까. 아버지의 멋진 꿈을 들은 아이들은 우리 아빠가 최고라고 믿는다. 그래서 지금 이 순간 아빠와 아이들은 모두 행복하다. 이것이 잘못이라고 하면 조금 과하지 않을까.

윌리는 아들에게 자신이 출장 갔던 북부의 여러 도시를 설명해 준다. 프로비던스, 워터베리, 보스턴, 포틀랜드, 뱅거 등의 도시를 거쳐 집에 돌아왔다고 말해 준다. 물론 이 여행이 그리 멋있거나 낭만적인 것은 아니다. 그가 세일즈맨으로서 영업 활동을 위해 갔던 곳이기 때문이다. 일반적으로 사람들이 세일즈맨을 환대하진 않기 때문에 사실은 고달팠을 것이다. 그렇다고 아이들 앞에서 아버지가 영업하느라 죽을 고생 했다고 솔직히 말할 순 없지 않은가. 힘들고 고달팠어도 멋지게 포장해서 말하는 것은 어쩌면 자연스러운 것이다.

윌리는 프로비던스에서 시장(Mayor)과 만났던 얘기를 자랑스럽게 말한다. 사실은 호텔 로비에서 우연히 만났던 것이다. 형식적인 인사치레로 시장과 커피 한잔했던 것뿐인데 그는 마치 대단한 인연이나 있는 것처럼 떠벌린다. 당연히 아이들은 우리 아버지가 대단한 사람이라고 생각한다.

으쓱해진 윌리는 다음 여름엔 아이들과 함께 여러 도시를 방문하겠다고 말한다. 그러면 그곳 사람들이 자신들을 환영해 줄 것이라면서 말이다.

윌리: 우리 세 부자가 함께 가는 거다. 아빠가 도시란 도시는 다 구경시켜 줄게. 미국은 아름다운 도시가 많고, 사람들은 착하고 정직하단다. 사람들이 아빠를 잘 알고 있지. 뉴잉글랜드 사람들은 참 좋은 사람들이야. 아빠가 너희를 데리고 가면 모두들 우리를 환영해 줄 거다. 왜냐면 그곳에 아빠가 아는 사람들이 많거든. 아빠는 말이야, 뉴잉글랜드 어딜 가든지

> 어디라도 아빠 차를 주차시킬 수 있어. 경찰들도 아빠 차를
> 자기들 차처럼 잘 돌봐 준다고. 그래, 올여름에 함께 가는 거
> 다 얘들아.(24)

윌리는 두 아들이 샘플 가방을 들고 보스턴 상점에 들어서면 사람들이 "대환영(open sesame for all of us)"(24) 해 줄 것이라고 말한다. 경찰들도 잘 아는 친구라서 어느 곳에 주차해도 문제없다고 떠벌린다. 하지만 이것은 허풍이고 허세다. 세일즈맨인 그를 사람들이 그렇게 환영해 줄 리 없고, 경찰들이 그의 차를 그렇게 돌봐 줄 리 없다. 하지만 아이들은 이렇게 대단한 아버지에게 감탄하지 않을 수 없다. 그들은 자신들의 아버지가 정말 능력 있고 멋진 사람이라고 생각한다.

윌리는 자식들 앞에서 허풍을 떨었지만 아내에게는 진심을 고백한다. 아이들이 없는 곳에서 그가 아내와 나누는 대화를 들어 보자.

> 윌리: 문제는 여보, 사람들이 나를 좋아하지 않는다는 거요.
> 린다: 그건 잘못된 생각이에요.
> 윌리: 내가 가게로 들어갈 때마다 느끼는 건데 사람들이 나를 비웃는 것 같아.

린다: 아니, 뭣 때문에 당신을 비웃어요? 그렇게 말하지 마세요.
윌리: 이유는 모르겠지만 사람들이 나를 무시해. 그냥 없는 사람처
      럼 무시한다고.(29)

조금 전 두 아들 앞에서 했던 말과 완전히 다르다. 사람들
이 자신을 무시한다는 것이다. 아까 아이들에게 한 말은 모
두 거짓이고 허풍임이 드러나는 순간이다. 하지만 아내는
"여보, 당신은 세상에서 제일 멋진 사람이에요."(29)라면서
남편의 기를 살려 주려고 애쓴다.

자, 이제 우리는 이런 윌리를 어떻게 봐야 할까. 어떤 사람들
은 윌리가 허풍쟁이라고 말한다. 자신의 현실을 제대로 인식
하지도 못한 채 허황된 꿈을 좇는다고 비판한다. 당연히 맞는
말이다. 그리고 이것은 두 아들에게도 잘못된 가정교육으로
이어져서 아들까지 망친다고 지적한다. 그것도 맞는 말이다.
윌리에게는 분명 이런 비판을 피하기 어려운 단점들이 있다.

그러나 우리는 다른 관점에서도 생각해 볼 필요가 있다.
물론 윌리가 가는 곳마다 무시당하는 초라한 세일즈맨인 것
은 맞다. 크게 사업가로 성공할 가능성도 거의 없다. 그것이

현실이고 팩트(fact)다. 그렇다고 아버지가 어린 자식들 앞에서 꼭 초라하고 비참한 팩트만 보여 줘야 할까. 어쩌면 현실 그대로 초라한 아버지를 보는 것이 자식으로서 더 괴로운 일일지도 모른다. 차라리 사실은 초라하더라도 당당하게 허풍이라도 떨어 주는 아버지가 더 낫지 않을까?

진실은 사실 다루기가 더 어렵다. 진실이라고 해서 함부로 드러내는 것은 잔인하고 위험할 수도 있기 때문이다. 그래서 때론 적당히 덮어 주고 포장해 주는 것이 필요한 순간도 있는 법이다. 특히 실패한 사람에게 현실을 직시하라는 요구는 가혹하다. 겨우 가린 치부를 훤히 드러내라고 요구하는 것과 같으니까 말이다.

어쩌면 윌리는 아들의 치부를 애써 외면했듯이 자신의 초라한 현실도 일부러 외면하는지 모른다. 현실을 못 보는 게 아니라 안 보는 것일 수도 있다. 나이 60이 넘었는데 그가 정말 그 정도도 모르는 바보일까. 윌리의 허풍과 허세는 자신을 절망으로부터 지켜 내는 방법이었을 수도 있다. 그런 허세마저 없었다면 그는 비참한 현실에 압도되어 더 일찍 비극적인 선택을 했을지도 모른다. 그래서 때로는 약자의 허풍을 모른 척 속아 주는 아량도 필요하다.

능력과 매력, 어느 것이 더 중요할까?

　윌리의 큰아들 비프는 지금 고등학교 3학년이다. 물론 윌리의 환상 속에서 일어나는 과거 기억이다. 비프는 곧 미식축구 특기생으로서 대학에 진학할 예정이다. 세 개의 대학에서 스카우트 제안을 해 왔다. 그것도 장학금을 주면서 모셔가겠다는 거다. 아버지로선 당연히 대견하고 뿌듯하지 않을 수 없다. 잘생겼지, 운동 잘하지, 여러 대학에서 모셔가려고 하지, 윌리의 아들에 대한 자부심이 이루 말할 수 없다. 세상 어느 부모인들 안 그렇겠는가.

　그런데 문제가 생겼다. 비프가 수학 시험에서 낙제할 위기에 처한 것이다. 만약 낙제를 한다면 졸업 자체가 안 되기 때문에 대학 진학도 불가능하다. 비프의 친구 버나드가 이 소식을 전해 준다.

버나드: 비프! 오늘 번봄 수학 선생님이 그러시던데 너 수학 공부 하지 않으면 낙제시키겠대. 만약에 낙제하면 넌 졸업을 못 한단 말이야! 오늘 내가 분명히 들었어.(25)

이건 매우 심각한 일이다. 하지만 철없는 비프는 이것을 대수롭지 않게 여긴다. 대학 로고를 그려 넣은 자신의 운동화를 보여 주면서 그가 이렇게 말한다.

비프: 아빠, 제 운동화 못 보셨죠! (윌리가 볼 수 있도록 발을 들어 올린다)(25)

이런 대학교에서 자기를 스카우트하려고 애쓰는데 설마 졸업을 못 하겠는가, 그 말이다. 매우 안일한 생각이다. 그러자 버나드가 말한다.

버나드: 운동화에 대학 이름을 새겼다고 해서 졸업시켜 주는 것은 아녜요, 윌리 아저씨.(25)

어리지만 친구 버나드의 말이 진중하다. 하지만 윌리와 비프 모두 버나드의 경고를 무시한다. 비프는 어려서 그렇다 치더라도 윌리의 경우는 너무 아쉽다. 어른이자 아버지로서 사려 깊고 현명한 대응을 하지 못한 것이다. 이것은 치명적인 실수로서 그와 아들의 삶을 비극적인 파멸로 이끈다.

윌리는 '인기(well-liked)'만 있으면 성공할 수 있다고 믿는다. 실력보다도 인간적인 매력을 더 중요시하는 가치관이다. 하지만 이것은 인간적인 유대관계가 중요시되는 전통적 사회에서나 통했다. 물질주의와 치열한 경쟁이 지배하는 현대 자본주의 사회에서는 더 이상 신뢰할 수 없는 구시대적 가치관에 불과하다. 하지만 윌리는 이런 구시대적 가치관을 자식에게 교육한다.

> 윌리: 버나드는 학교 성적은 좋을지 모르지만 졸업 후에 사회에 나오면 너희들이 그 녀석보다 다섯 배는 나을 거다. 그래서 너희들은 멋진 아도니스처럼 잘생긴 것을 하느님께 감사해야 해. 비즈니스 세계에서는 말이야, 항상 앞서가는 사람들이 성공하는 법이지. 사람들한테 인기만 있으면 돼. 그러면 별 문제 없단다. 아빠를 보렴. 구매 담당자를 만나기 위해서 줄을 설 필요도 없어. 그냥 '윌리 로만이 왔소' 하면 끝나는 거야. 바로 통과하는 거지 뭐.(25-26)

옆집 아이 버나드는 공부는 잘하지만 약골이다. 당연히 남자로서 신체적인 매력도 없다. 그래서 잘생기고 인기 있는 비프가 나중엔 훨씬 더 성공할 것이라는 말이다. 이것은 윌리의 편견이다. 예상과 달리 버나드는 훗날 변호사로 크게 성공한다. 버나드가 약골이라고? 그래도 그는 결혼도 잘 하고, 결혼해서 자녀도 낳고, 여가로 테니스도 즐긴다.

윌리는 비프가 축구부 락커룸에서 축구공을 갖고 왔을 때도 크게 야단치지 않는다. 비프가 "빌려왔다(borrowed)"(23)고 말하지만 그것은 사실상 "도둑질(theft)"(23)이다. 윌리도 이것을 안다. 하지만 그는 축구부 코치가 비프를 좋아하기 때문에 오히려 칭찬할 거라며 아들을 두둔한다.

윌리: 코치가 아마 너의 그런 열성적인 태도를 칭찬할 거야.
비프: 그럼요, 항상 저의 그런 태도를 칭찬해 주시는걸요.
윌리: 너를 좋아하기 때문이지. 다른 사람이 공을 가지고 왔으면 아마 난리가 났을 거다.(23)

윌리의 이런 교육관은 분명 문제가 있다. 아버지로서 아들의 도벽을 정확하게 꾸짖고 훈육해서 교정하지 않기 때문이다. 오히려 그는 아들의 도벽을 남자다운 "기백이고 개성

(He's got spirit, personality)"(31)이라고 두둔한다. 소심한 책벌레 버나드보다 더 낫다는 것이다. 그래서일까. 비프의 도둑질은 이후에도 계속된다. 공사장에서 자재를 훔쳐 오다 경찰에게 쫓긴다. 성인이 되어 직장생활을 하는 과정에서도 비프의 도벽은 계속 반복된다. 그는 직장에서 물건을 훔치다가 해고되기도 한다. 심지어 가게에서 옷 한 벌을 훔치다가 3개월간 교도소에 간 적도 있다. 여기에는 어려서부터 아들의 도벽을 제대로 훈육하지 못한 아버지 책임도 크다. 많은 사람이 아버지의 잘못된 교육을 지적한다. 윌리로서는 이 비판을 피하기 어렵다.

하지만 이 문제를 다른 관점에서 볼 수도 있다. 옛말에 '남의 자식 예쁜 데 없고 내 자식 미운 데 없다'고 하지 않던가. 윌리는 팔이 안으로 굽어도 너무 안으로 굽었다. 그는 엄격한 아버지보다는 자신감을 심어 주는 따뜻한 아버지를 선택했다고 볼 수 있다. 아들의 단점보다는 장점을 보고, 그것에 더 집중하는 것이다. 게다가 잦은 출장으로 자녀와 많은 시간을 함께 보내지 못하는 아버지로서의 미안함도 반영됐을 것이다. 물론 우리가 보기에 현명한 교육은 아니다. 하지만 이것은 윌리 나름의 아들 사랑이고 교육 방식이다.

아이러니한 것은 아버지는 이렇게 자식의 허물을 좋게 봐주고 덮어 주지만 아들은 그렇게 하지 않는다는 것이다. 나중에 아들은 아버지의 한 가지 실수를 절대로 용납하지 않는다. 아버지의 그 실수를 세상 그 누구보다도 철저하게 용서하지 않는다. 이것이 부모와 자식의 차이가 아닐까.

윌리의 또 다른 교육관은 바로 매력을 중시하는 것이다. 인간적인 매력이 있으면 사람들에게 인기가 있고, 그 인기는 좋은 인간관계로 이어져서 결국 성공하게 된다는 생각이다. 그렇다면 능력과 매력 중 어느 것이 성공에 더 중요할까? 물론 매력도 능력이고, 매력 있는 사람이 더 경쟁력이 있다는 것도 부정하기 어렵다. 하지만 생각해 볼 점도 있다. 내가 능력이 없는데도 과연 좋은 인간관계가 생길까? 윌리 자신의 경우를 봐도 아닌 것 같다. 그가 실적이 좋았을 땐 회사에서 다 괜찮았다. 하지만 영업 실적, 즉 능력이 나빠지자 그동안의 인간관계가 무의미해졌다. 그러므로 야박하지만 성공을 도와주는 좋은 인간관계는 나의 능력을 바탕으로 한다고 봐야 한다. 능력이 있으면 매력은 물론 좋은 인간관계도 따라오기 마련이다. 그렇다면 능력을 키우는 일이 우선이지 않을까.

때론 선의의 거짓말도 필요하다

아내가 윌리에게 묻는다. "이번에 많이 팔았어요?"(27) 어쩌면 윌리에게는 이 말이 무서운 말일지도 모른다. 이번 출장에서 얼마를 벌어 왔냐는 말이기 때문이다. 체면에 윌리는 대충 확대해서 얼버무린다. "프로비던스에서 500, 보스턴에서 700 정도 팔았지."(27) 이 말에 눈치 없게 아내는 종이와 연필을 꺼내 적어 가며 계산해 본다. 남편이 받을 수당이 얼만지 정확히 가늠해 보는 것이다. 총 212달러나 된다며 아내가 깜짝 놀란다. 그제야 윌리는 사실대로 정확히 얘기한다. 수당을 너무 부풀리면 안 되니까 말이다. 결국 진짜 수입은 약 70달러 남짓밖에 안 된다. 초라한 수입이다.

그래도 아내는 그 정도면 괜찮다며 남편을 위로한다. 남편은 이번 주 당장 필요한 생활비가 얼만지 묻는다. 아내는 냉장고 할부금, 팬벨트 수리비, 세탁기, 청소기, 지붕 수리비 등 해서 당장 120달러가 필요하다고 말한다. 이것만 해도 벌써 50달러가 모자란다. 남자가 집안 살림에 필요한 생활비도 충분히 벌어다 주지 못하다니, 아내 볼 면목이 없다. 윌리는 미안하고 속상한 마음을 애꿎은 짜증으로 감춘다.

윌리의 자존감은 한없이 떨어진다. 그는 하루 10시간 이상 뛰어다녔지만 벌이가 변변치 않다고 아내에게 넋두리한다. 외모에 대한 자신감도 떨어져서 자신이 뚱뚱하다고 느낀다. 심지어 사람들이 자기를 비웃는다고 말한다.

윌리: 여보, 난 뚱뚱한 것 같아. 미련해 보인다니까. 당신한테 말하진 않았지만 지난 크리스마스 때 말이오, 내가 F.H. 스튜어트 상사에 간 적이 있었소. 그때 판매원 녀석 하나가 날 보고 해마 같다느니 어쩌고 하는 거요. 그래서 그놈 얼굴을 한 대 후려쳤지. 그 소릴 듣고 참을 수가 없었소. 그건 앞으로도 마찬가지요. 그렇지만 사람들이 나를 비웃고 있다는 걸 나도 잘 알고 있소.(29)

사실, 윌리의 생각이 맞는지도 모른다. 그는 지금 수입도 변변찮고, 나이 들어서 외모도 그리 멋진 편이 아니다. 이런 외판원을 반갑게 맞이해 줄 사람은 거의 없다. 그러니 그를 무시한다는 말은 어쩌면 맞는 말인지도 모른다. 하지만 아내는 남편을 격려한다.

> 린다: 여보, 당신은 이 세상에서 최고로 잘생긴 사람이에요. 당신처럼 아이들에게 멋진 아빠도 없어요.
> Willy, darling, you're the handsomest man in the world. Few men are idolized by their children the way you are.
> (29)

린다는 눈이 아니라 마음으로 남편을 본다. 사실 아내 눈에도 윌리가 그리 멋진 남자가 아닐 수도 있다. 당장 필요한 생활비도 해결 못 해 주는 남편이니까. 그럼에도 불구하고 린다는 당신이 최고라고 말해 준다. 남편으로서, 그리고 아버지로서 최고의 칭찬이 아닐까. 윌리로서는 큰 위로가 아닐 수 없다. 아마도 그가 힘든 현실을 견딜 수 있는 힘이 됐을 것이다. 그런데 어떤 사람들은 이런 린다를 부정적으로 평가하기도 한다. 아내의 전폭적인 지지와 후원이 오히려 윌리의 허영심을 키워 주고 그가 자신을 제대로 보지 못하게 도와줬다는 논리다. 글쎄, 그럼 이 순간에 아내도 냉정하게 남편의 비참한 팩트를 정확히 지적해 줘야 하는가. '맞아요. 당신은 뚱뚱하고, 미련하고, 돈도 못 벌어요. 그래서 사람들한테 무시만 당해요'라고 말이다.

현실을 직시하는 것은 필요하다. 하지만 때론 그게 치명적인 독이 될 수도 있어서 주의해야 한다. 특히 마음의 상처가 많은 외롭고 힘든 사람에겐 더욱 그렇다. 그래서 우리 인생에선 선의의 거짓말(white lie)도 필요하다. 모두가 치열한 경쟁 사회에서 상처받고 힘들게 살아가니까 말이다.

아버지도 때론 실수한다

월리는 아내의 따뜻한 위로가 너무 고맙다. 보이는 사실대로 냉정하게 보는 게 아니고 이해하고 사랑하는 마음으로 봐주니, 참 고마운 아내다. 월리가 감격해서 이렇게 말한다.

월리: 여보, 당신은 정말 최고야. 당신은 정말이지 내 인생 최고의 동반자라니까.(29)

왜 안 그렇겠는가. 평범한 말이지만 그 마음이 충분히 이해가 간다. 아내가 너무 고맙다 보니 미안한 마음도 든다. 그런데 참 아이러니하다. 아내에게 이렇게 고맙고 미안한 이 순간 월리의 마음속에는 어떤 다른 여자 생각이 떠오른다. 물론 그 여자가 좋아서 생각나는 것은 절대 아니다. 죄책감 때문이라고 보는 게 더 타당하다. 그 여자의 깔깔거리는 웃음소리가 윌리의 귓전에 맴돈다. 바로 그가 오래전 보스턴 출장지에서 만났던 문제의 그 '보스턴 여인'이다.

그녀는 거래처 사무실에서 근무하던 여자였고 윌리의 세일즈 영업 활동에 도움을 줬던 여자다. 짧은 만남이었지만 그녀는 두고두고 윌리의 인생에 치명적인 아킬레스건으로 작용한다. 아들 비프와의 부자 관계를 파탄 나게 한 것도 바로 이 여자다. 공교롭게도 그녀와 호텔 방에 함께 있는 모습을 아들에게 들켰기 때문이다. 비프는 그때 아버지를 "사기꾼(fake)"(95)이라고 비난했고 이후 절대 아버지를 용서하지 않는다. 그리고는 아버지에 대한 실망감에 대학 진학도 스스로 포기하고 방황하는 인생을 산다. 아들이 아버지를 속상하게 만들어서 철저하게 아버지를 처벌하는 셈이다.

윌리가 이 '보스턴 여인'을 떠올리는 대목을 꼼꼼히 읽어보자. 아내와 대화하던 윌리는 과거를 회상하게 되고 회상 속에서 그 여인을 본다. 그녀가 모자를 쓴 채 거울을 들여다보고 있다. 이 대목에서 윌리의 의식은 현실과 과거를 넘나들고 있다. 그가 이렇게 말한다.

윌리: 왜냐하면 난 너무 외로웠거든. 특히 일이 잘 안 풀리고 얘기할 상대도 없을 땐 말이오. 다시는 물건을 하나도 팔지 못하고 당신이나 아이들 생계를 책임지지도 못할 것 같은 생각이 들었단 말이야. (여자의 웃음소리가 잦아드는 사이로 그가 말한다. 여자는 거울을 보며 단장한다) 여보, 나는 당신이나 애들한테 해 주고 싶은 게 많은데 말이오. 'Cause I get so lonely—especially when business is bad and there's nobody to talk to. I get the feeling that I'll never sell anything again, that I won't make a living for you, or a business, a business for the boys. (He talks through the woman's subsiding laughter; the woman primps at the mirror.) There's so much I want to make for −(29)

이 말은 윌리가 아내에게 하는 말이다. 정신이 몽롱한 상태에서 하는 말이지만 그의 진심이 들어 있다. 세일즈맨으로서 영업이 잘 안될 때 마음이 힘들고 외로웠다는 것이다. 여기서 그가 말하는 외로움은 굳이 성적인 의미는 아니라고 본다. 가족의 생계를 책임져야 할 가장으로서 느끼는 심적 부담감에 가깝다. 아내와 자식들에게 해 줘야 할 것은 많은데 능력이 안 될 때, 그때 느끼는 무능한 가장의 공허하고 두려운 마음이 아닐까.

이 장면을 더 읽어 보자. 기억 속에서 윌리는 '보스턴 여인'
과 대화한다.

여자: 나한테요? 당신이 뭘 해 줘서가 아녜요, 윌리. 내가 당신을
고른 거지.
Me? You didn't make me, Willy. I picked you.

윌리: (흐뭇해서) 당신이 나를 골랐다고?

여자: 그럼요. 데스크에 앉아서 하루 종일 세일즈맨들이 드나드는
것을 보잖아요. 그런데 당신은 굉장히 유머 감각이 있더라고
요. (중략) 언제 또 올 거예요?

윌리: 한두 주쯤 후에. 다시 볼 수 있지?

여자: 물론이죠. 당신은 웃기거든요. 그래서 좋아요. 그리고 당신은
멋진 사람이에요.

윌리: 당신이 날 골랐다고?

여자: 그럼요. 당신은 정말 다정하거든요. 그리고 재밌고요.

윌리: 다음에 또 만나자고.

여자: 제가 당신은 대기도 안 하고 바로 구매자들에게 들어가게 해
줄게요.
I'll put you right through to the buyers.

윌리: 알았어. 잘 가라고.

여자: (가볍게 윌리를 때리고 소리 내어 웃는다) 윌리, 당신 정말 끝내
줘요. (윌리가 갑자기 여자를 껴안고 거칠게 입을 맞춘다) 아주 죽
여 준다니까요. 그리고 스타킹 고마워요. 난 스타킹이 많을

수록 좋아요. 그럼 잘 자요.(29-30)

이 대목에서 윌리에게 도덕적으로 큰 결함과 실수가 있는 것은 분명하다. 특히 자신을 그토록 사랑해 주는 아내를 두고 다른 여자를 만났다는 것 자체가 윤리적 배신이고 용서받기 어렵다. 게다가 윌리는 이 여인에게 스타킹을 선물로 줬다. 그래서일까. 윌리는 아내가 스타킹을 깁는 모습을 볼 때마다 화를 낸다. 아내는 아끼고 기워서 신는데 그걸 다른 여자에게 줬다니. 누가 뭐라 하지 않아도 아마 스스로 죄책감에 많이 괴로웠을 것이다. 이렇게 그는 마음의 형벌을 받는다.

물론 궁색하지만 그래도 윌리를 위해서 한마디 변명을 해보자. 영업이 안 되고, 사람들에게 무시당하는 상황에서 자신에게 친절했던 이 '보스턴 여인'은 윌리에겐 그래도 위안이 됐을 것이다. 아마도 상처받아 왜소해진 자신의 남성성을 잠시라도 회복시켜 주는 여인이었을 것이다. 별 볼 일 없는 자신을 멋있다고 추켜세워 주니까. 그리고 다른 세일즈맨들처럼 사무실에서 오랫동안 줄 서서 대기하지 않고도 곧바로 바이어를 만날 수 있게 특별히 편리를 봐줬으니 고맙기도 했을 것이다. 물론 뻔뻔한 변명으로 들릴 수도 있다. 윌리로선 할 말이 없다.

세상에 완벽한 사람은 없다. 서양 고전 비극에 등장하는 영웅적인 주인공들도 완벽하진 않았다. 그들도 나름의 비극적 결함(hamartia)이 있었다. 신화적인 영웅도 그러는데 하물며 평범한 인간이 어떻게 결함이 없겠는가. 아버지도 연약한 인간이고 그래서 때론 실수도 한다.

우리는 모두 초보 인생이다

월리에게는 벤(Ben)이라는 형이 있다. 그는 이미 죽었고 월리의 기억 속에서만 존재한다. 그는 과거 열일곱 살에 아프리카 정글로 들어갔다가 스물한 살에 벼락부자가 된 인물이다. 그곳에서 다이아몬드 광산을 발견했기 때문이다. 그야말로 "성공의 화신(success incarnate)"(32)이자 월리가 닮고 싶어 하는 롤모델이다. 그래서 아들에게도 형 얘기를 자주 한다. 그들도 벤처럼 성공해서 부자가 되길 바라기 때문이다.

월리는 힘들 때마다 환상 속에서 벤을 만난다. 형이 어떻게 성공했는지, 그리고 자녀 교육은 어떻게 해야 할지, 형에게 묻고 싶은 게 많다. 하지만 형은 늘 시간이 없다며 금방 떠나 버린다. 이것은 월리에게 성공을 위해 남은 시간이 별로 없다는 강박관념을 상징적으로 표현해 주는 것이다. 빨리 성공해야 한다는 절박한 마음의 표시로 이해될 수 있다.

소년 시절 벤은 아버지를 찾으러 알래스카로 떠났다. 그런데 길을 잘못 드는 바람에 북쪽이 아니라 남쪽으로 갔다. 그래서 결국 아프리카까지 가게 된 거였다. 그 당시 벤은 동생 윌리에게 같이 가자고 권유한 적이 있다. 윌리는 그때 상황을 못내 아쉬워한다. 그때 형을 따라갔어야 했다는 후회가 들기 때문이다.

윌리: 그때 형님을 따라 알래스카에 갔다면 지금쯤 상황이 완전히 달라졌을 거야.(32)

오늘도 윌리는 환상 속에서 벤을 만난다. 여러 가지로 힘든 날이었기 때문이다. 그런데 지금은 공교롭게도 옆집 친구 찰리(Charley)와 카드를 치고 있는 상황이다. 그러다 보니 찰리와의 대화와 환상 속 벤과의 대화가 뒤죽박죽 뒤섞인다. 찰리가 볼 때 윌리가 횡설수설하는 것으로 보일 수밖에 없다. 상황을 이해하지 못하는 찰리는 카드 게임을 중단하고 가 버린다. 이제 윌리는 본격적으로 과거의 환상 속으로 몰입한다.

환상 속에서 벤과 어린 아들 비프가 권투하듯 서로 싸운다. 물론 장난 삼아 하는 권투 연습이다. 처음에는 벤이 져 주는 척한다. 잘한다고 비프를 칭찬해 주면서 말이다. 그러다가 벤은 갑자기 발을 걸어 비프를 땅바닥에 쓰러뜨린 후 우산 끝을 비프의 눈에 겨눈다. 그러면서 그가 이렇게 말한다.

> 벤: 모르는 사람과 절대 공정하게 싸우지 마라, 얘야. 그렇게 해서는 절대 정글을 빠져나오지 못한단다.
> Never fight fair with a stranger, boy. You'll never get out of the jungle that way.(38)

이 말은 그가 아프리카에서 어떻게 성공했는지 잘 보여 준다. 정글과 같이 치열한 자본주의 사회에서 성공하려면 정정당당한 것만으로는 어렵다는 것이다. 남들보다 먼저, 그것도 과감하게 모험하고 쟁취해야 한다. 필요하다면 원칙에 벗어난 술수와 반칙도 쓸 줄 알아야 한다. 그렇게 벤은 다이아몬드 광산을 쟁취했고 부자가 되었다. 이것이 바로 윌리가 아들들에게 가르치고 싶은 성공 비법이다. 윌리는 아이들이 그걸 배우길 원하고 그렇게 되도록 가르친다. 자신이 살고 있는 미국 사회도 약육강식의 원칙이 지배하는 정글과 같은 곳이라고 생각하기 때문이다.

　윌리는 벤에게 사업이 어렵다고 하소연한다. 그래서 성공한 형의 조언이 절실하다고 말한다. 자식들을 어떻게 키워야 하는지도 얘기하고 싶어 한다. 며칠 묵으면서 얘기 좀 하자고 형에게 간청한다. 그러나 야박하게도 형은 바쁘다며 떠난다. 그러면서 한마디 툭 던져 준다.

벤: 윌리야, 좋은 아들들이 있으니까 넌 최고야. 아들들이 탁월하고 남자답잖아.(40)

　형의 이 말에 윌리는 힘을 얻는다. 자신의 교육 방식이 옳았음을 확인받았기 때문이다.

윌리: 아, 형님 말씀을 들으니 얼마나 기쁜지 몰라요! 가끔 말이죠, 제가 자식들을 잘못 가르치는 게 아닌지 두려운 생각도 들거든요. 형님, 애들을 어떻게 가르쳐야 할까요?
벤: 동생아, 내가 아프리카 정글에 들어갔을 때 나는 겨우 열일곱이었어. 그리고 내가 정글에서 나왔을 땐 스물한 살이었지. 근데 그때 난 벌써 부자가 됐다고.
윌리: 부자였다고! 그래, 내가 애들에게 심어 주고 싶은 것이 바로

> 그런 기백이야! 정글로 걸어 들어가는 것 말이야. 그래 내가 맞았어. 내가 맞았다고.(40-41)

윌리는 벤의 환상이 사라진 후에도 스스로를 다독인다. 자신의 자녀 교육 방식이 옳았다고 스스로를 위로한다. 벤처럼 성공하기 위해선 거칠고 대담한 용기도 있어야 한다고 생각한다. 그래야 정글 같은 치열하고 냉혹한 사회에서 성공할 수 있을 테니까 말이다. 그래서 남들이 아들 비프가 거칠다고 흉을 봐도, 학교에서 축구공을 훔쳐도 크게 개의치 않는다. 그래야 나중에 벤처럼 대범하게 성공할 테니까.

우리는 모두 초보 인생을 산다. 아버지도 처음 해 보고, 남편도 처음 해 본다. 초보이다 보니 시행착오도 많다. 한 번 더 인생을 살 수 있다면 그땐 더 잘할 수 있을 것 같다. 윌리도 처음 해 보는 아버지라서 자녀 교육에 서투르다. 그는 사실 보고 배울 아버지가 없었다. 그의 아버지는 아주 어릴 적에 가출했다. 그래서 그나마 그가 의지하고 롤모델로 삼은 것이 바로 벤 형이다. 특별한 케이스였던 벤을 롤모델로 삼다 보니 문제가 많다.

인생을 살다 보면 누구에게 물어보고 싶을 때가 있다. 내가 선택한 것이 잘한 것인지 확인받고 싶기도 하다. 근데 막상 물어볼 사람이 없다. 어릴 땐 물어볼 선생님이라도 있었지만 어른이 되면 그것도 없다. 해법수학 책은 있어도 해법인생 책은 없다. 모든 것은 나 혼자 결정하고 내가 책임져야 한다. 그래서 인생이란 외로운 것인지도 모른다.

16

친구 아버지가 더 멋져 보일 때

    린다와 두 아들이 진지한 대화를 한다. 물론 아버지에 대한 얘기다. 늦은 밤이지만 아버지는 지금 동네를 산책 중이다. 그것도 실성한 사람처럼 중얼거리면서 말이다. 비프는 아버지가 언제부터 저랬냐고 묻는다. 아버지를 걱정해서라기보다 창피해서다. 동네 사람 보기에 민망하다는 것이다. 하지만 엄마는 아버지를 두둔하고 나선다. 큰아들 비프에게 아버지를 합당하게 존경하든지, 아니면 아예 집에 오지 말라고 말한다. 엄마의 말이 그 어느 때보다도 더 단호하다. 그러자 비프도 물러서지 않는다. 이들의 대화를 잠시 들어 보자.

비프: 아버지를 자꾸 감싸려고만 하지 마세요, 어머니. 아버지는 항상 어머니를 무시하잖아요! 어머니에 대한 존경심이란 눈곱만치도 없다고요. (중략)

비프: 아버지는 정말 인격이 부족해요. 집에서 식구들한테 마음속 울분을 토해 내기나 하고 말예요. 옆집 찰리 아저씨는 절대 이러지 않아요. (중략)

린다: 그래? 그럼 찰리 아저씨를 네 아버지로 삼으려무나. 그럴 수 있겠니? 있냐고? 너희 아버지가 훌륭한 분이라고는 말하지 않겠다. 윌리 로만은 엄청나게 큰돈을 번 적도 없어. 신문에 이름이 실린 적도 없지. 그렇다고 세상에서 가장 훌륭한 인품을 가진 사람도 아니야. 그렇지만 아버지도 인간이다. 그리고 뭔가 무서운 일이 지금 네 아버지에게 일어나고 있다. 그러니 너는 아버지에게 관심을 가져야 해. 아버지를 늙은 개처럼 죽게 내버려 둬서는 안 돼. 너는 지금 아버지가 미쳤다고 말하지만 이런 사람에게도 관심이, 관심이 필요하다고.

비프: 제 말은 그런 뜻이 아녜요.

린다: 다른 사람들도 너희 아버지가 정신이 오락가락한다고 흉을 본단다. 하지만 똑똑한 사람이 아니더라도 네 아버지의 문제가 뭔지는 쉽게 알 수 있어. 너희 아버진 지치신 거야.

린다: 평범한 소시민도 위대한 사람들처럼 지치긴 마찬가지야. 이번 3월이면 아버지가 회사에서 일한 지 36년째다. 그동안 새로운 상품 시장을 개척해서 회사의 노른자 위로 만들어 놨는데 이젠 늙었다고 봉급도 안 주는구나. A small man can be just as exhausted as a great man. He works for a company thirty-six years this March, opens up unheard-of territories to their trademark, and now in his old age they take his salary away.

해피: (분노하며) 몰랐어요, 어머니.

린다: 한 번이라도 물어본 적도 없었다. 다른 곳에서 용돈을 받으니까 이젠 아버지에겐 신경도 안 쓰더구나.

해피: 제가 지난번에 돈 드렸는데요.

린다: 지난 크리스마스 때 50달러 준 거 말이지! 집에 온수 파이프 고치는 데 97달러 50센트나 들었다. 지난 5주 동안 아버진 봉급도 없이 커미션만 받고 살았어. 마치 신참내기 신입사원처럼 말이야.

비프: 배은망덕한 놈들 같으니라고!

린다: 아들도 마찬가지 아니니? 네 아버지가 젊어서 일을 잘할 땐 회사에서 좋아들 했지. 근데 네 아버지를 아껴 주고 어려우면 늘 주문을 넣어 주던 친구들이나 바이어들이 이제는 모두 죽거나 은퇴했어. 예전엔 보스턴에서 하루에 예닐곱 회사를 다니며 판촉을 할 수 있었는데. 지금은 샘플 가방을 차에서 꺼냈다가 집어넣었다가 다시 꺼냈다가, 그러니 피곤할 수밖에. 사람을 찾아다니는 대신 요즘은 말로 때우지. 700마일을 달려서 가도 아는 사람 하나 없고 반겨 주는 사람도 없어. 동전 한 푼 벌지 못한 채로 다시 700마일을 달려 집으로 돌아오는 사람 머릿속에 어떤 생각이 들 것 같으냐? 그러니 왜 혼잣말을 안 하겠니? 당연하지 않아? 옆집 찰리 아저씨한테 가

서 50달러를 꾸어서는 마치 자기 봉급인 것처럼 내게 내밀 때 어떤 생각이 들겠니? 언제까지 이렇게 갈 수 있을까? 과연 언제까지? 내가 여기 앉아서 뭘 기다리는 줄 아니? 그런데도 아버지 성격이 이상하다고? 평생 너희를 위해 일한 사람에게 그게 할 소리냐? 너희가 금메달이라도 걸어 드려야 하는 것 아니니? 이게 그 보상이냐? 나이 예순셋에 돌아보니 목숨보다 사랑했던 아들 하나는 바람둥이 놈팡이 놈이고….

해피: 어머니!

린다: 바로 그게 네 모습이다, 얘야! (비프에게) 그리고 비프! 너는 옛날에 아버지를 끔찍이도 좋아했지 않니? 둘이 정말 찰떡처럼 잘 어울렸지! 매일 밤마다 전화를 걸어 온갖 일들을 다 아빠에게 얘기했지! 집에 돌아와 네 모습을 보고 나서야 아버진 외로움이 풀렸고 말이다.

비프: 알겠어요, 어머니. 여기서 지내면서 직장을 구해 보겠어요. 아버지와는 충돌을 피하고요.

린다: 안 돼, 비프. 여기 살면 계속 싸우기만 할 거야.

비프: 아버지가 이 집에서 저를 쫓아냈어요. 기억하시죠?

린다: 왜 그러셨는데? 난 그 이유를 모르겠다.

비프: 왜냐하면 저는 아버지가 엉터리(fake)라는 것을 알았고, 아버진 그걸 아는 사람을 옆에 두고 싶어 하지 않았기 때문이죠.

린다: 엉터리(fake)라고? 어째서? 그게 무슨 뜻이야?

비프: 저한테만 뭐라고 하지 마세요. 이건 아버지와 저 사이의 문제예요. 그 얘기밖엔 못 드려요. 이제부터 일자리를 알아볼게요. 아버지에게 제 봉급의 반을 드리겠어요. 그럼 괜찮으

자식은 몰라줘도 린다는 남편의 어려움을 잘 안다. 수백 킬로미터를 운전해 갔다가 빈손으로 다시 그 먼 길을 돌아와야 하는 남편의 심정을 말이다. 아무리 힘들어도 두둑한 수입이 있다면 힘든 줄 모르는 법이다. 보상도 없는 수고의 그 허무함을 린다는 이해한다. 그리고 친구에게 50달러씩 빌려서 마치 봉급인 양 내미는 남편의 마음도 잘 이해한다. IMF 시절 적지 않은 우리 아버지들도 그랬다. 모든 걸 알면서도 내색하지 않고 모른 척 속아 주는 아내도 힘들었을 것이다. 하지만 자식은 나이를 먹어도 아직 철부지다. 아들은 아버지가 왜 옆집 아저씨처럼 인품이 없냐고 비난한다. 그리고는 십 년도 더 된 아버지의 과거 실수를 끄집어낸다.

때론 아버지가 원망스러울 수도 있다. 우리 아버지는 왜 다른 아버지들처럼 멋있지 못할까? 친구 아버지처럼 돈도 많고, 사회적 지위도 높으면 좋을 텐데. 그래서 나도 소위 '아빠 찬스' 한번 누려 봤으면 좋겠는데 하고 말이다. 당연히 그럴 수 있다. 힘든 세상을 사는데 왜 그런 생각이 안 들겠는가. 하지만 린다의 말처럼 멋진 친구 아버지를 내 아버지로

바꿀 순 없다. 못나도 내 아버지다. 그리고 이것도 생각하면

좋겠다. 남들처럼 더 잘해 주지 못하는 아버지 마음도 아프

다는 것을 말이다.

단점을 보완하기보단
장점을 살리는 게 낫다

비프는 도시에서의 직장생활을 싫어한다. 꽉 짜인 틀 안에 갇혀 있는 것이 싫기 때문이다. 동생 해피가 과거에 사람들이 비프를 흉봤던 얘기를 꺼낸다. 이들의 대화를 들어 보자.

해피: 근데 형의 문제점은 사람들 비위를 맞춰 주려고 하지 않는다는 거야.
The trouble with you in business was you never tried to please people.

비프: 나도 알아. 난 그저….

해피: 해리슨에서 일할 때를 생각해 봐. 사장이 형더러 최고라고 했잖아. 근데 형은 엘리베이터 안에서 코미디언처럼 우스꽝스러운 노래를 휘파람으로 불어 대곤 했지.

비프: (해피에게 대들며) 그게 뭐 어때서? 휘파람 불 수도 있는 거지.

해피: 엘리베이터 안에서 휘파람이나 부는 사람을 요직에 앉히진 않아.
You don't raise a guy to a responsible job who whistles in the elevator!

린다: 얘들아, 이제 와서 그런 걸로 다툴 것 없다.

해피: 영업시간에 일은 안 하고 수영장에 가질 않나.

비프: (점점 화가 나서) 야, 넌 도망 안 가냐? 너도 가끔 일 빼먹고 땡땡이치잖아. 여름철 날씨도 좋을 땐 말이야.

해피: 물론 그렇지. 하지만 난 대비책을 마련해 둔다고.

린다: 아이고 얘들아!

해피: 나는 슬그머니 사라질 때도 연락처를 남겨 놓는다고. 그래서 사장님이 찾을 땐 동료들이 내가 일 보러 잠시 나갔다고 말할 수 있도록 말이지. 형, 이런 말 하고 싶진 않지만 업계에서 사람들이 형보고 정신 나갔다고 그래.

비프: (화가 나서) 젠장, 빌어먹을 직장.
(angered) Screw the business world!

해피: 그래 맞아, 빌어먹을 직장생활이야! 좋아, 하지만 그래도 대비책은 마련해 놔야지!

린다: 그만해 해피야! 해피!

비프: 난 그런 작자들이 뭐라고 하든 신경 안 써! 그 작자들은 아버지를 업신여긴 지도 꽤 됐어. 왜인지 알아? 우리는 이 거지 같은 도시 생활에 맞지 않거든! 우리는 탁 트인 들판에서 집을 짓거나, 아니면, 목수가 되어야 해. 목수는 일하면서 휘파람을 불어도 되거든!
I don't care what they think! They've laughed at Dad

for years, and you know why? Because we don't belon g in this nut house of a city! We should be mixing cem ent on some open plain, or – or carpenters. A carpent er is allowed to whistle!(47-48)

형을 비난하려는 의도는 아니었지만 형을 화나게 만들고 말았다. 그냥 참고해서 앞으론 더 잘해 보자는 거였다. 이 대화를 보면 비프가 직장생활에서 늘 실패하는 이유를 알 것 같다. 동생의 지적처럼 직장인으로서 진지하지 못했다. 근무 태만도 보인다. 물론 비프 자신의 성실하지 못한 성격 탓도 있지만 평소 인기(well-liked)를 강조했던 아버지의 교육도 책임이 있을 것이다. 진지하게 실력을 쌓고 성실 근면한 생활 태도를 갖도록 가르치지 못했기 때문이다.

그러다 보니 비프에게 엄격한 규율이 존재하는 도시의 직장생활은 어렵다. 그의 성격과 적성에 맞지도 않는다. 그래서 그는 탁 트인 야외에서 자유롭게 일하는 직업을 원한다. 사실 아버지인 윌리도 집을 수리하는 데 탁월한 능력을 보여 준다. 비프 말대로 윌리도 세일즈맨보다 목수처럼 손을 쓰는 직업이 더 적합했는지 모른다. 윌리의 아버지도 손재주가 좋았다. 그는 들판을 다니면서 나무로 플롯 악기를 만들어 팔곤 했다. 손재주가 이 집의 집안 내력이다. 그런데 엉뚱한 분야에서 성공을 추구하다 보니 실패할 수밖에 없었다. 단점은 고치기도 어렵고 보완해 봐야 보통 수준이 될 가능성이 높다. 차라리 나의 장점을 키우고 성장시키는 전략이 더 낫지 않을까.

그럼에도 불구하고
아들에게 희망을 거는 아버지

    두 형제가 다투는 것을 아버지가 밖에서 다 들었다. 큰아들 비프의 말이 아버지 마음에 안 든다. 아버지가 바라는 바와 다르기 때문이다. 아버진 어떻게 해서든 아들이 도시에서 번듯하게 성공하기를 원하기 때문이다. 아버지도 역정을 내면서 형제 말싸움에 끼어든다.

> 윌리: 네 할아버지도 목수보다는 나은 분이셨다. 넌 아직도 어린애로구나. 내 분명히 말하는데 옆집 아이 버나드는 엘리베이터에서 휘파람을 불진 않을 거다.
>
> 비프: 그래요, 근데 아버지도 부시잖아요.
>
> 윌리: 난 평생 한 번도 엘리베이터에서 휘파람 분 적이 없다. 그리고 업계에서 누가 나더러 정신 나갔다고 한다는 거냐?
>
> 비프: 그런 뜻이 아녜요, 아버지. 사소한 얘기를 너무 크게 확대시

키지 마세요. 네?

윌리: 서부로 돌아가 버려! 목수가 되든지 카우보이가 되든지 네
　　　마음대로 해!

린다: 여보, 비프는 단지….

윌리: 저 녀석이 하는 말 내가 다 들었어!

해피: (윌리를 진정시키려고) 아이, 아버지, 진정하시고요….(48)

　또 부자간의 싸움이 시작된 것이다. 늘 이런 식이다. 아버
지는 특히 사람들이 자신을 업신여긴다는 말에 민감하게 반
응한다. 윌리가 아들에게 이렇게 반박한다.

윌리: 뭐? 나를 업신여긴다고? 어디 보스턴에 있는 필리니 상점이
　　　나 슬래터리 상점에 가 봐라. 가서 윌리 로만이 왔다고 하면
　　　어떻게 되나 한번 보라고! 난리가 난다! 난리가 나!(48)

　윌리는 비프의 말을 모욕으로 받아들인다. 자격지심이라
할까. 사실 비프의 말이 맞다. 어쩌면 윌리 자신도 안다. 하
지만 그는 인정하고 싶지 않을 뿐이다.

　비프는 오늘 더 이상 아버지에게 맞서지 않는다. 조금 전
에 엄마가 했던 말을 기억하면서 아버지를 이해하려고 노력

한다. 비록 도시 생활이 싫지만 아버지 뜻대로 이곳에서 열심히 살아 보겠다고 마음먹는다. 다시는 아버지와 싸우지 않겠다고도 다짐한다.

비프는 스포츠용품 상점을 개업하겠다고 말한다. 그건 어쩌면 비프에게 잘 어울리는 사업이다. 그는 원래 유망한 미식축구 선수였으니까. 홍보하기도 좋다. 당연히 아버지는 대찬성이다. 두 형제가 함께 이름을 걸고 스포츠 용품점을 개업하면 얼마나 멋진 일인가. "로만 브라더즈!(The Roman Brothers!)"(50)

상상만 해도 너무 흐뭇하다. 이 계획에 삼부자는 이내 흥분한다. 아들의 특기를 살려서 스포츠용품 전시회도 열고, 농구팀, 수구팀도 만든다. 시범 경기를 열고 비프가 선수로 출전하면 사람들이 구름같이 몰려올 것이라고 상상한다. 그야말로 백만 불짜리 아이디어다. 이제야 큰아들 비프가 제대로 된 길을 찾은 것 같다. 그래서 아버지는 이 순간 너무 좋다.

윌리: 그래, 세상에 한번 본때를 보여 줘라. 너희 둘이서 함께 일한
다면 세상을 확 뒤집어엎어 버릴 수도 있을 거야.(50)

그런데 문제는 돈이다. 스포츠용품점을 개업하려면 큰 자
본금이 필요하다. 아버지가 대줄 수 있으면 좋겠지만 그럴
능력이 못 된다. 비프는 올리버(Oliver) 사장을 찾아가서 사업
자금을 빌려 보겠다고 말한다. 올리버는 비프가 예전에 일
했던 가게의 사장이다. 과거 올리버가 '도와줄 일이 있으면
연락하라'고 했던 말이 생각났던 것이다.

아버지의 훈수가 시작된다. 그동안 세일즈맨으로 갈고 닦
아온 비즈니스 비법을 아들에게 모두 전수한다. 우선 깔끔
하게 정장을 잘 차려입고 만나야 한다. 헐렁한 바지는 안 되
고, 말을 적게 하고, 농담도 하지 말아야 하고, 바닥에 펜이
떨어져도 줍지 말아야 하고, 걱정스러운 표정도 하지 말아
야 하고, 어린애처럼 '어' 하는 소리도 하면 안 된다. 아버지
의 훈수가 끝이 없다.

비프는 사업 자금으로 1만 달러면 충분하다고 말한다. 하
지만 윌리는 최소 1만 5000달러부터 시작하라고 훈수한다.

그래야 통 크게 보이고, 설사 깎인다 해도 목표 금액 확보에 안전하니까 말이다. 사회생활 많이 한 고수들만 아는 고단수 협상 전략이다. 하지만 아들 귀에는 잔소리로밖에 안 들린다.

그런데 과연 올리버 사장이 이렇게 큰돈을 빌려줄까? 아니, 그가 비프를 기억이나 할까? '필요하면 도와줄게'라는 말을 진짜 믿어도 되는 걸까. 그냥 인사치레로 한 말일 수 있다. 하지만 윌리는 또다시 아들을 믿는다.

> 윌리: 요즘 애들은 깡통이야. 아무것도 못 한다고. 근데 우리 아들은 달라. 그 녀석에게 진짜 엄청난 일이 일어날 거란 말이야.
> The average young man today is got a calibre of zero. Greatest thing in the world for him was to bum around. (53)

정말 그럴까? 과거에 비프는 올리버의 가게에서 물건을 훔친 적이 있다. 올리버가 그것을 알았고 비프를 해고하려 하자 비프가 스스로 퇴사했던 것이다. 그렇다면 과연 올리버가 비프에게 사업 자금을 빌려줄까? 물론 그럴 수 있다. 하지만 객관적으로 볼 때 그럴 가능성은 희박하다. 어쩌면 세상 물정 잘 아는 윌리도 알 것이다. 하지만 어쩌겠는가, 내 아들인데. 아버지도 못 믿는 사람을 남들이 믿어 주겠는가? 어떤 상황에서도 포기할 수 없는 게 아들이고 자식이다. 이렇게 또다시, 아버지는 아들에게 희망을 건다.

2막

세일즈맨의 죽음
Death of a Salesman

할부금 갚느라 청춘이 다 갔다

오늘 아침, 모처럼 집안 분위기가 밝다. 온 가족이 희망에 부푼 아침이기 때문이다. 비프는 오랜만에 늦잠도 자고 즐겁게 아침 식사도 마쳤다. 기분이 좋아서일까, 오늘 아침 커피 맛이 유난히 좋다. 두 아들은 아침 일찍 말끔하게 정장을 차려입고 나갔다. 올리버 사장을 만나 사업 자금 대출을 요청하기 위해서다. 린다는 두 아들이 함께 서서 면도하는 모습만 봐도 마음이 뿌듯했다. 특히 큰아들 비프의 모습이 딴판이라 좋았다. 그동안 주눅 든 모습이었는데 오늘은 희망차 보였기 때문이다.

윌리도 오늘 중요한 일이 있다. 하워드 사장을 만나서 뉴욕 본사의 내근직 자리를 요청할 계획이다. 윌리는 하워드 사장이 자신의 정당한 요구를 거절할 수 없을 것이라고 확신한다. 그리고 희망에 부풀어 아내에게 말한다. 언젠가 시골에 텃밭이 있는 조그만 집을 장만할 거라고. 애들이 결혼해서 주말에 놀러 오면 머물 방도 필요하다고 말한다. 정말 행복한 꿈이 아닐 수 없다. 거창하지도 않은 소시민의 소박한 꿈이다.

집을 나서는 남편에게 린다가 말한다. 생활비가 모자라니 회사에서 가불을 받아 오라는 것이다. 그동안 미뤄 왔던 보험금과 자동차 수리비, 냉장고 할부금 등을 내야 하기 때문이다. 윌리의 들떴던 마음이 일순간 가라앉는다. 옆집 찰리네 냉장고는 20년을 써도 끄떡없는데 우리는 왜 맨날 고장이냐고 짜증을 낸다. 옆집은 광고에도 많이 나오는 제너럴 일렉트릭사의 냉장고를 샀기 때문이다. 그가 이렇게 푸념한다.

윌리: 헤이스팅스 냉장고라고 들어나 봤어? 내 인생에 한 번이라도 고장 안 난 제대로 된 것 좀 가져 봤으면 좋겠어. 어떻게 맨날 고물만 내 차지야! 막 자동차 할부가 끝나면 폐차 직전이지. 냉장고는 미친 듯이 벨트가 닳아 없어지고 말이야. 그런 물건들은 다 유효기간을 정해 놓고 나오나 봐. 할부가 마침내 끝나면 물건도 생명이 끝나도록 말이야.
Whoever heard of a Hastings refrigerator? Once in my

> life I would like to own something outright before it's
> broken! I'm always in a race with the junkyard! I just
> finished paying for the car and it's on its last legs. The
> refrigerator consumes belts like a goddam maniac.
> They time those things. They time them so when you
> finally paid for them, they're used up.(56-57)

자동차든 가전제품이든 튼튼하고 좋은 제품은 비싸다. 당연히 저가품은 품질도 떨어지고 수명도 짧다. 가난한 윌리는 저가품을 주로 사용한다. 그러다 보니 늘 고장이 잦고 수명도 짧다. 그래서 그의 푸념이 왠지 서글프게 들린다. 근데 어디 윌리만 그렇겠는가. 경제력 없는 남편과 사는 아내 심정은 어떨까. 그녀 역시 답답하긴 마찬가지일 것이다. 좋았던 아침 분위기가 우울해지고 말았다.

린다가 우울한 남편을 위로해 준다. 본인도 짜증 났을 텐데 말이다. 참 고맙고 좋은 아내다. 그녀가 남편의 재킷 단추를 채워 주면서 이렇게 말한다. 이들의 대화를 잠시 들어 보자.

린다: 여보, 전부 다 해서 200달러 정도면 충분할 거예요. 근데 이번만 내면 주택 할부금도 이제 끝나요. 이번이 마지막이에요. 이

번만 내면, 여보, 이 집이 이제 우리 것이 되는 거라고요.

윌리: 25년 걸렸네!

린다: 이 집을 샀을 때 비프가 아홉 살이었어요.

윌리: 아아, 참 대단한 일이야. 25년간의 주택 할부금을 마침내 다 치르다니.

린다: 맞아요. 대단한 일을 해낸 거죠.(57)

25년 걸렸다. 큰아들 비프가 아홉 살 때 이 집을 샀다. 근데 그 애가 30대 중반이 된 지금에서야 할부가 끝나고 진짜 내 집이 되는 것이다. 25년간 주택 할부금을 냈다니! 부부는 대견해한다. 우리가 봐도 대견하다. 매주 수백 킬로미터 먼 곳까지 장거리 출장을 다니면서 번 돈으로 다 갚다니, 그동안 정말 수고가 많았다. 어쩌면 인생의 가장 멋진 청춘 시절을 할부금 갚는 데 다 투자한 듯한 느낌마저 든다. 아내도 마찬가지다. 밖에서 고생하는 남편 챙기고, 아이들 뒷바라지하느라 세월 가는 줄 몰랐다. 이미 린다도 머리가 하얗게 세었다. 궁색한 살림이지만 남편 속상할까 봐 제대로 내색도 못했다. 그녀라고 왜 멋지고 좋은 거 모르겠는가. 윌리 부부의 모습이 왠지 낯설게 느껴지지 않는다. 우리도 이들 부부와 비슷하기 때문이다.

그런데 뜬금없이 윌리는 이런 말을 한다.

> 윌리: 언젠가는 누군가 다른 사람이 이 집에 들어와 살겠지, 뭐.
> Some stranger'll come along, move in, and that's that.
> (57)

문학 용어로 말하자면 복선이지만 시쳇말로 하면 방정맞은 소리다. 말이 씨가 된다고 하지 않던가. 25년 만에 이제 곧 자신의 집이 될 텐데 그가 이런 슬픈 말을 하는 것이다. 흔히 '돈 버는 사람 따로 있고 쓰는 사람 따로 있다'고 하지 않던가. 정작 고생하며 애써서 모은 사람은 정작 써 보지도 못하고 세상 떠나는 경우가 있다. 윌리가 그렇게 될까 봐 우려스럽다.

작가는 사실 작품 곳곳에 이런 암시를 심어 놨다. 오늘 아침에도 윌리는 채소 씨앗(seed)을 사 와야겠다고 말한다. 하지만 린다는 이 집엔 햇볕이 들지 않아서 아무것도 자라지 않는다고 말한다. 주변 고층 아파트들 때문에 일조권이 침해되기 때문이다. 이것은 문학적으로 희망이 없다는 우울한 상징이 된다. 윌리의 집에는 뭔가 좋은 일이 일어나지 않는다는 암시로 읽힐 수도 있다.

　집을 나서는 윌리에게 린다는 아들과의 저녁 식사 계획을 알려 준다. 모처럼 두 아들이 아버지에게 근사한 저녁 식사를 대접하겠다는 것이다. 저녁 6시에 아버지가 좋아하는 프랭크 스테이크 하우스 식당에서 만나기로 했다. 윌리는 아내도 같이 가자고 한다. 하지만 아내는 한사코 사양한다. 당신과 두 아들, 남자들끼리만 하라는 것이다. 모처럼의 가족 외식을 싫어할 아내가 어디 있겠나. 아마도 아내는 돈 생각을 했던 모양이다.

사람은 단물만 빼먹고 버리는
과일 조각이 아니다

월리가 하워드 사장을 만난다. 하지만 사장은 새로 산 녹음기에 정신이 팔려 월리에게는 관심이 없다. 당시에 녹음기는 신기한 최신 전자제품이다. 방문한 사람의 용건은 묻지도 않고 녹음기를 들어 보라고 강권한다. 녹음기에서는 사장 가족들의 목소리가 생생하게 흘러나온다. 그는 이제 녹음기 없이는 아무것도 할 수 없다면서 흥분한다. 마치 오늘날 우리가 최신 기능의 스마트폰을 대하는 모습과 비슷하다. 우리도 새로운 기술을 탑재한 문명의 이기가 나올 때마다 흥분하지 않는가.

녹음기에서 나오는 목소리는 생생하게 들리지만 사실은 진짜가 아니다. 진짜처럼 들리는 가짜 사람 소리다. 진짜 사람 소리는 지금 하워드 사장 앞에 서 있는 윌리의 목소리다. 하지만 사장은 기계에서 나오는 가짜 소리에는 열광하지만 진짜 사람 소리에는 귀 기울이지 않는다. 이 장면은 물질주의라는 가짜에 압도되어 진짜를 못 듣는 현대인의 모습을 보여 준다고 할 수 있다.

　마침내 윌리는 하워드 사장에게 어렵게 말문을 연다. 그리고 이젠 늙어 장거리 운전이 어려우니 내근직 일자리를 달라고 부탁한다. 하지만 사장은 적당한 자리가 없다며 거절한다. 윌리는 봉급을 주급 65달러, 50달러, 40달러로 줄여가면서 사정한다. 그래도 하워드 사장의 반응은 냉정하기만 하다.

하워드: 아뇨, 이건 비즈니스예요. 각자 자신의 몫을 해야만 합니다.
　　　　No, but it's a business, kid, and everybody's gotta pull his own weight.
윌리: 사장님, 잠깐만 제 말을 들어 보세요.
하워드: 비즈니스는 비즈니스입니다. 인정하셔야 한다고요.
　　　　'Cause you gotta admit, business is business.(62–63)

　하워드 사장은 철저하게 비즈니스 관점으로만 본다. 그에겐 경제적 수익과 효율성이 최고의 가치다. 여기에 개인적인 사정이나 인간적인 배려는 끼어들 틈이 없다. 그럼에도 불구하고 윌리는 하워드 사장에게 구구절절이 옛날이야기를 한다. 사장이 관심 없어 하는데도 말이다.

윌리: 내 말 좀 들어 봐요. 이걸 아셔야 해요 사장님. 나는 열여덟, 열아홉 소싯적부터 외근 영업직 사원이었어요. 마음속에는 세일즈가 내 미래를 보장해 줄까 하는 의문도 있었죠. 아버지가 계시는 알래스카로 가고 싶은 열망도 있었답니다. 그런데 파커 하우스 호텔에서 세일즈맨 한 사람을 만났지 뭡니까. 데이브 싱글먼이었지요. 팔십 먹은 노인네였는데 31개 주에서 판로를 개척했던 사람이었습니다. 이 노인네가 방에 올라가면 녹색 벨벳 슬리퍼를 신고… 그 색깔이 잊히지도 않아요… 수화기를 들고 바이어에게 전화를 해서는, 방을 뜨지도 않은 채 영업을 하더란 말입니다. 나이 여든넷에. 그걸 보고 세일즈야말로 사람이 할 수 있는 가장 멋진 일이라고 생각했어요. 나이 여든넷에 서른 개의 도시에 전화를 걸고 가지각색의 사람들에게 기억되고, 사랑받고, 도움받고 하는 것보다 더 흐뭇한 일이 어디 있겠습니까? 이거 아세요? 그는 세일즈맨다운 죽음을 맞았지요. 보스턴으로 가는 기차 흡연실에서 녹색 벨벳 슬리퍼를 신은 채로 죽었으니까요. 그가 죽었을 때 수백 명이나 되는 세일즈맨과 바이어들이 장례식에 참석했습니다. 그 이후에도 몇 달간 기차간에서는 분위기

가 내내 침울했지요. 그땐 인간미가 있었단 말입니다, 사장
님. 영업할 때도 존경과 우정과 감사가 있던 시절이란 말입
니다. 요즘은 그런 것이랑 깡그리 사라지고 말라비틀어졌죠.
우정이라든가, 인간미가 끼어들 여지가 전혀 없단 말입니다.
무슨 말인지 아시겠어요? 이젠 더 이상 사람들이 나를 몰라
본다고요.(62-64)

　　35세의 하워드 사장에게 이것은 철 지난 옛 얘기에 불과하
다. 윌리가 말하는 인정과 인간미가 통하던 시절은 지나갔
다. 지금은 경제 논리가 지배하는 시대다. 변화하는 시대에
부응하지 못하면 도태될 수밖에 없다. 냉정하지만 어쩔 수
없는 현실이다.

　　하워드 사장이 바쁘다며 자리를 뜨려고 한다. 그러자 윌리
가 사장을 붙잡으며 언성을 높인다.

윌리: 이건 사장님 아버지 얘기라니까요! 바로 이 책상 위에서 약
　　속을 했단 말입니다! 저는 이 회사에서 34년을 봉직했는데
　　지금 보험금조차 낼 수가 없어요! 오렌지 속만 까먹고 껍데
　　기는 내다 버리실 참입니까? 사람은 과일 조각이 아니잖아
　　요! 제발 관심 좀 가져주세요, 사장님.
　　I put thirty-four years into this firm, Howard, and now I

> can't pay my insurance! You can't eat the orange and
> throw the peel away – a man is not a piece of fruit!(64)

윌리는 '사람은 단물만 빼먹고 버리는 과일 조각이 아니다'라고 항변한다. 이 대사는 많은 사람들에게 큰 울림을 줬다. 자본주의 사회에서 하나의 부품으로 쓰이다가 효용성이 다하면 버림받는 소시민의 비애를 잘 대변해 주기 때문이다. 이제 더 이상 윌리는 회사에 필요한 사람이 아니다. 단맛이 다 빠진 윌리는 마치 오렌지 껍질처럼 버려진다. 그는 오늘 결국 해고된다. 오늘 아침 아내가 부탁했던 200달러 가불은 얘기조차 꺼내지도 못하고 말이다.

우리는 지금 인공지능, 로봇 등 최첨단 기술이 지배하는 시대를 살고 있다. 그동안 우리가 해 왔던 많은 일을 이제는 기계가 대신한다. 미래에도 나의 쓸모가 계속 유지될 수 있을지 불안한 생각마저 든다. 세상은 끊임없이 우리에게 업그레이드된 새로운 능력을 요구하는데, 따라가기가 쉽지 않다. 그래서 윌리의 해고가 남의 얘기로만 들리지 않는다. 어쩌면 바로 우리 얘기일 수도 있기 때문이다.

친구 아들은 성공만 잘한다

하워드 사장이 당황한 윌리에게 말한다. 5분간 의자에 앉아 진정하고 집에 가서 쉬라고. 상품 샘플은 이번 주 아무 때나 회사에 반납해 달라고도 말한다. 그러고는 바쁘다며 휙 나가 버린다. 해고된 윌리가 혼자 멍하니 앉아 있다. 황망하기 그지없다. 이 순간 윌리는 또다시 과거의 환상 속으로 빠져든다. 어김없이 벤이 우산과 여행 가방을 들고 나타난다. 윌리가 형에게 말한다.

윌리: 형님, 제발 나랑 얘기 좀 해요.
벤: (시계를 보며) 시간이 없어, 윌리엄.
윌리: (벤에게 가면서) 형님, 난 아무것도 되는 게 없어요. 뭘 해야 할지 모르겠다고요.(66)

벤은 윌리에게 도시를 빠져나와서 알래스카로 가자고 권

한다. 알래스카의 산림을 돌봐 줄 사람이 필요하다면서 말이다. 윌리도 좋다고 찬성한다. 하지만 아내 린다가 정색을 하고 말린다. 여기에도 좋은 직장이 있는데 왜 굳이 그곳에 가냐는 거다. 결국 윌리는 알래스카 행을 포기하고 이곳에 남게 된 것이다. 지금 윌리의 마음속에 후회가 밀려온다. 아, 그때 형을 따라 알래스카로 갔었어야 했는데…. '가지 않은 길'에 대한 회한과 후회가 크다. 우리도 일이 잘 안 풀릴 때 자신이 했던 과거의 선택을 후회하지 않던가. 그때 그걸 했어야 했는데, 아니면 그때 그걸 하지 말았어야 했는데 하고 말이다. 하지만 지나간 걸 돌이킬 순 없다. 인생은 되감기가 안 되기 때문이다.

윌리의 환상은 이제 과거에 가장 행복했던 순간으로 돌아간다. 비프가 고등학교 미식축구 주장 선수로 에버트 경기장에서 결승전 경기를 하던 날이다. 비프는 승리에 대한 자신감에 넘쳐 있다. 아버지를 위해서 헬멧을 벗고 터치다운을 해 보이겠다고 다짐한다. 옆집 아이 버나드에게는 자신의 어깨 보호대를 들고 경기장 라커룸에 들어갈 수 있는 '영광'을 허락한다. 자신감이 넘쳐 교만할 정도다. 윌리도 친구 찰리에게 이런 대단한 아들을 자랑한다. 오늘 경기가 끝나면 아들이 연봉 25,000달러짜리 프로선수가 될 거라면서 말이다. 하지만 말 그대로 환상으로 끝났다.

다시 현실로 돌아온 윌리는 찰리의 사무실에 간다. 아내가 부탁했던 돈을 빌리기 위해서다. 그곳에서 어엿한 변호사로 성장한 버나드를 우연히 만난다. 옛날엔 그렇게 초라하고 볼품없는 아이였는데 변호사라니. 그것도 대법원에서 변론을 맡을 정도라니까 그는 꽤 성공했다. 워싱턴으로 가는 길에 잠시 들러 아버지를 뵙는 중이란다. 크게 성공한 옆집 친구 아들을 보자 윌리 마음이 또다시 아프다. 물론 옆집 아들의 성공을 축하해 주는 게 맞다. 윌리라고 왜 그런 마음이 없겠는가. 하지만 마음 한구석에선 친한 친구였던 초라한 내 아들 생각도 난다. 어릴 땐 우리 아들이 훨씬 더 멋있었는데. 부모 마음이 그런 게 아닐까.

그렇다면 무엇이 문제였을까. 친구 찰리는 자녀 교육에 크게 신경 쓰지도 않았는데도 아들이 성공했다. 자녀 교육에 더 신경 쓴 것은 사실 윌리였다. 그는 아들에게 자신의 성공 철학을 가르치려고 오히려 더 애썼다. 많은 비평가들은 그의 잘못된 교육 철학과 방법을 지적한다. 그것이 오히려 아들의 성공을 방해했다는 것이다. 맞는 얘기다.

　버나드는 결혼해서 두 명의 아들도 두었다. 어렸을 땐 그렇게 약골이고 볼품없던 녀석이었는데 말이다. 반면에 훨씬 체격도 좋고 미남인 우리 아들은 아직 장가도 못 갔다. 결혼은 고사하고 직장도 없다. 그러니 만나는 애인도 없다. 아버지로서 속상한 마음이 드는 건 당연하다.

　그뿐이 아니다. 버나드는 지금 여가활동으로 테니스도 즐긴다. 테니스 코트가 있는 친구 집에 머물면서 테니스를 칠 예정이란다. 집에 테니스 코트가 있다면 아마도 대단한 상류층 사람일 것이라고 윌리는 상상한다. 버나드가 그런 사람들과 교류하면서 함께 테니스를 치다니. 원래 스포츠는 우리 아들 비프가 전문인데 말이다. 대학들이 스카우트 경쟁을 할 정도로 휘날리던 운동선수였으니 그런 생각이 들법도 하다. 그런데 지금 비프는 레저 스포츠와 거리가 멀다. 당장 밥벌이도 못 하는 처지니까 말이다. 아버지는 참 속상하다.

　작품 속에서 버나드의 테니스 라켓은 문학적 상징성을 갖는다. 월리가 비프에게 선물로 줬던 샌드백과 대비를 이루기 때문이다. 과거 테니스는 상류층 스포츠로 인식됐다. 반면에 샌드백은 평범하고 대중적이다. '헝그리 복서' 이미지가 연상되기도 한다. 테니스는 공을 멀리 날려 보낼 수 있지만 샌드백은 아무리 때려도 그대로 있다. 마치 아무리 노력해도 변하지 않는 비프의 사회적 지위를 상징적으로 보여 주는 듯하다.

버나드가 월리에게 비프의 근황을 묻는다. 월리는 사실대로 말할 수가 없다. 그래서 비프가 지금 서부에서 큰 사업을 한다고 말한다. 그런데 올리버라는 스포츠용품 회사 사장이 함께 일하자고 간곡히 요청하는 바람에 고민 중이라고 말이다. 그것도 연봉은 얼마든지 주겠다며 백지수표 위임장까지 보내 왔다면서 너스레를 떤다. 물론 다 거짓말이다.

버나드는 바로 옆집 찰리의 아들이다. 찰리가 월리의 사정을 다 아니까 버나드 역시 진실을 모를 리 없다. 그런데도 이렇게 거짓말하는 월리는 허풍쟁이라고 비판할 수 있다. 틀린 지적이 아니다. 당연히 맞는 말이다. 하지만 다른 관점에서도 생각해 볼 수 있다. 아들 친구 앞에서 아버지가 아들의 비참한 진실을 꼭 말해야 할까? 우리 아들 아직도 백수라고 말이다. 아들의 체면을 위해서 거짓말로라도 약간 포장해 주는 것이 필요하지 않을까. 그렇게 본다면 윌리의 거짓말은 아들 사랑으로 이해할 수도 있다.

하지만 이내 윌리는 자신의 속마음을 들켜 버리고 만다. 자기도 모르게 에버트 경기장 경기 이후 아들의 인생이 끝나 버린 것 같다고 탄식하기 때문이다. 그러면서 버나드에게 성공의 비결을 묻는다. 하지만 버나드는 오히려 윌리에게 묻는다. 비프가 수학 시험에 낙제했던 그해 여름, 보스턴에서 무슨 일이 있었냐고 말이다. 비프가 보스턴에서 아버지를 만나고 온 이후에 사람이 변했다는 것이다. 그때 비프가 아끼던 버지니아 대학교 로고가 새겨진 운동화를 태워버렸고, 대학 진학도 포기했다고 말한다. 비프가 왜 그렇게 자포자기하게 되었는지 묻는다.

윌리는 망치로 한 대 얻어맞은 듯이 버나드를 쳐다본다. 그날을 정확하게 기억하고 있기 때문이다. 그때 윌리는 출장지 보스턴에서 한 여인과 함께 있었고 그걸 아들 비프가 본 것이다. 문제의 '보스턴 여인'을 아들 비프에게 들키는 장면은 뒤에 자세히 읽어 보기로 하자. 윌리는 아들의 좌절과 방황이 자기 책임이냐며 버나드에게 역정을 낸다. 자기는 오히려 그때 계절학기 수강을 강력히 권했다면서 말이다. 말은 이렇게 하지만 그래도 불안감이 든다. 정말 내가 아들 인생을 망쳤단 말인가? 이래저래 아버지 마음은 무겁기만 하다.

자식 일이란 모르는 법이다. 어려서 공부 잘한다고 커서도 잘되란 법 없다. 반대로 지금 못한다고 커서도 못되란 법도 없다. 그러니 현재를 보고 지나치게 자랑할 것도 지나치게 실망할 것도 없다. 따뜻한 격려와 응원이 최선이다. 그리고 남의 자식과 비교할 필요도 없다. 그냥 각자의 인생이 다르고 각자의 아름다움과 행복도 다를 뿐이니까.

세상에 팔 수 있는 나의 가치는 뭘까?

버나드가 떠나고 사무실엔 윌리와 찰리만 남았다. 찰리는 바쁘다며 주머니에서 50달러를 꺼내서 준다. 아직 돈 빌려 달란 말도 안 했는데 말이다. 이번이 처음이 아니라는 얘기다. 한두 번이 아니기에 말 안 해도 윌리의 용건을 다 안다. 윌리가 겸연쩍게 말한다.

> 윌리: 찰리, 저기… (어렵게 말을 꺼낸다) 밀린 보험료가 있거든. 그래서 말인데 혹시 가능하면… 내가 110달러쯤 필요해서 말이지.(75)

물론 다 갚을 거라고도 말한다. 자기가 빠짐없이 적어 놓고 있다고도 말한다. 하지만 친구 사이에 자존심 상하는 비참한 상황인 것은 분명하다.

찰리는 좋은 친구다. 그는 비프에게 일자리를 제안한다. 이들의 대화를 들어 보자.

찰리: 내가 자네에게 일자리를 주었잖은가. 일주일에 50달러를 벌 수 있어. 그리고 외근을 안 해도 돼.

윌리: 난 직장이 있어.

찰리: 봉급도 없는데 직장이야? 무슨 놈의 직장이 봉급도 없어? 그게 직장이야? (중략) 난 머리가 좋은 놈은 아니어도 모욕당하는 것(being insulted)쯤은 알아.

윌리: 모욕당한다고!

찰리: 왜 내 사무실에선 일하지 않겠다는 거야?

윌리: 무슨 소리야? 나는 직장이 있다는데.

찰리: (일어서며) 그러면 왜 매주 여기 오는 건데?

윌리: (일어서며) 음, 내가 여기 오는 게 싫다면….

찰리: 나는 자네에게 일자리를 제안하는 거야.

윌리: 나는 자네의 빌어먹을 일자리 따윈 필요 없어!

찰리: 자넨 도대체 언제쯤 어른이 되려고 그러나?

윌리: (분노하여) 야, 이 무식한 놈아, 한 번만 더 그런 소리 하면 한 대 얻어맞을 줄 알아! 네 덩치가 아무리 커도 상관없어! (싸울 태세를 취한다)(76)

주급 50달러면 윌리가 하워드 사장에게 간청했던 봉급보다도 더 많다. 게다가 장거리 출장도 없다. 하지만 윌리는 계속 직장이 있다며 찰리의 제안을 거절한다.

> 윌리: 나는… 나는 찰리, 자네 사무실에서 일할 순 없네. 그것뿐이
> 야. 왜냐고 묻지는 말게.(77)

그렇다면 윌리는 왜 찰리의 일자리를 거절할까? 물론 친
구로서 자존심의 문제가 있을 것이다. 알량한 자존심 때문
에 친구의 선의를 거부한다고 비난해도 할 말이 없다. 틀린
말은 아니다. 하지만 더 중요한 것은 윌리의 소신 때문이라
고 생각한다. 만일 윌리가 찰리의 일자리를 받는다면 이것
은 스스로 실패를 인정하는 꼴이 되기 때문이다. 윌리는 그
동안 찰리와 상반된 가치관을 갖고 살아왔다. 자녀 교육 방
식, 남자다움 등 여러 문제에서 그는 자신이 찰리보다 낫다
고 말해 왔기 때문이다. 그런데 이제 와서 그를 위해 일한다
면 스스로 자신이 틀렸음을 자인하는 꼴이 된다. 윌리는 비
록 그에게 돈을 꿀지언정 패배를 인정하고 싶지 않은 거다.
윌리는 소신이 강한 인물이다. 비록 남들 보기에 그 소신이
허망하다 할지라도 그는 굽히지 않는다. 그래서 그는 작가
가 말하는 현대의 '비극적 영웅(tragic hero)'이 될 수 있다.

윌리는 오늘 직장에서 해고됐다고 말한다. 그러면서 하워드 사장에 대한 섭섭함을 토로한다.

윌리: 그런 건방진 자식이 있나. 생각해 봐. 내가 그 자식 이름을 지어 줬다고. 내가 그놈이 태어났을 때 하워드란 이름을 지어 줬단 말일세.(76)

이 말에 대한 찰리의 대답이 의미심장하다.

찰리: 이봐 윌리, 자넨 언제쯤에나 그런 것들이 아무 소용없다는 것을 깨닫겠나? 자네가 하워드라는 이름을 지어 줬지만 그런 건 어디다 팔아먹지도 못하는 거야. 이 세상에서 중요한 건 팔아먹을 수 있는 것들이라고. 명색이 세일즈맨이라면서 그런 것도 모르니 참 우스운 일이로군. Willy, when're you gonna realize that them things don't mean anything? You named him Howard, but you can't sell that. The only thing you got in this world is what you can sell. And the funny thing is that you're a salesman, and you don't know that.(76-77)

내가 세상에 팔 수 있는 것만이 나의 가치라는 것이다. 만약 세상이 사 주지 않는다면 의미가 없다. 회사는 자선단체가 아니다. 수익을 위해서 내 능력을 돈 주고 사는 곳이다. 회사가 볼 때 돈 주고 살 만한 나의 가치가 없다면 나를 해고할 것이다. 야박하지만 이것이 자본주의의 기본 원리 아니겠는가. 그런데 윌리는 아직도 존경과 인간적 유대관계를 운운한다. 찰리는 평생 세일즈맨을 했으면서 아직도 이걸 모르냐고 꼬집는 것이다.

그래도 찰리가 고맙다. 욕은 하면서도 돈을 쥐여 주니 말이다.

> 찰리: 에이, 빌어먹을 인간아! 자, 이걸로 보험료나 내. 나 바빠. 살펴 가. 보험료 꼭 내고.(77)

돈을 받으면서 윌리가 말한다.

> 윌리: 이봐, 참 우습지 않아? 오랜 세월을 고속도로를 달리고, 기차를 타고, 수많은 약속을 하면서 바쁘게 살아왔는데 결국엔 사는 것보다 죽는 게 더 나은 인생이 되고 말았으니 말이야.(77)

윌리의 말이 참 슬프게 들린다. 수많은 세월을 여기저기 출장 다니면서 열심히 살았건만 노년에 보험료 낼 돈도 없어 친구에게 빌리는 처지라니. 지나온 세월과 노력이 허망하게 느껴진다. 그래서 차라리 자신이 죽어서 받는 생명 보험금이 더 크다는 생각을 한다. 윌리는 이미 비극적인 선택을 생각하고 있는 것이다. 그렇게라도 해서 자신의 가치를 지키고 가족들에게 보여 주고 싶은 것이다. 찰리는 이렇게 위로한다.

찰리: 이보게 친구, 죽는 게 더 나은 사람은 세상에 없다네.
　　　Willy, nobody's worth nothin' dead.(77)

그렇다. '개똥밭에 굴러도 저승보다는 이승이 낫다'고 하지 않던가. 아무리 힘들어도 죽음보다 생명이 소중하고, 저승보단 살아있는 이 세상이 더 낫다.

윌리는 36년간 봉직했던 회사에서 해고됐다. 회사가 더 이상 그의 가치를 사지 않겠다는 의미다. 어쩌면 우리는 모두 세일즈맨이다. 자신의 능력과 가치를 세상에 팔고 있기 때문이다. 그렇다면 세상에 팔 수 있는 나의 가치는 무엇일까? 그리고 세상이 계속 나를 사고 싶어 할까?

초라한 현실, 인정할까? 회피할까?

아버지와의 저녁 식사가 예정된 식당에 해피가 제일 먼저 왔다. 그는 식당 웨이터 스탠리에게 허세를 부린다. 서부에서 목장을 경영하는 형이 오늘 큰 거래를 성사시켰다고. 그래서 곧 형제가 함께 큰 사업을 할 계획이라고 떠벌린다. 허풍떠는 모습이 아버지를 똑 닮았다.

해피는 옆 테이블에 앉은 미모의 여성에게 관심을 갖는다. 바람둥이답게 그녀를 유혹하는 작업 솜씨가 보통이 아니다. 우선 웨이터를 시켜 고급 샴페인 한 잔을 시켜 준다. 자기 회사 제품이라면서 말이다. 그리고 이런 멋진 멘트도 날린다.

해피: 아가씨, 제가 칭찬 한마디 해도 되겠습니까? 아가씬 정말 잡지 표지 모델같이 아름다우시네요.(80)

이렇게 달콤한 말에 안 넘어갈 여자가 없을 듯하다. 그러면서 자신은 웨스트포인트 육군사관학교 출신이고, 형 비프는 뉴욕 자이언트팀 쿼터백 선수라고 소개한다. 미녀는 감동할수밖에 없다. 해피의 여성 유혹 장면 한 구절을 읽어 보자.

해피: 우리 형은 비프라고 해요. 아마 들어 보셨을걸요. 유명한 미
　　식축구 선수니까요.
아가씨: 아, 정말요? 어느 팀이에요?
해피: 미식축구 잘 아세요?
아가씨: 아뇨. 실은 잘 몰라요.
해피: 우리 형은 뉴욕 자이언트팀의 쿼터백이에요.
아가씨: 어머나, 정말 멋지네요! (마신다)
해피: 당신의 건강을 위하여!
아가씨: 만나서 해피하네요.
　　　　I'm happy to meet you.
해피: 그게 바로 제 이름이죠. 해피(Happy). 원래는 헤럴드인데 웨
　　스트포인트에선 모두들 나를 해피라고 불렀어요.
아가씨: (정말 감동해서) 어머나, 그렇군요.(80-81)

바람둥이 해피의 선수다운 모습을 여지없이 잘 보여 주는 대목이다. 처음 보는 낯선 여자를 능수능란하게 유혹하고 있다. 하지만 달리 보면 해피는 마음이 외로운 사람이다. 주

변에 여자는 많아도 그의 내면은 공허하다. 아버지 윌리와 마찬가지로 그에게는 치열한 자본주의 미국 사회에서 결코 채울 수 없는 욕망이 있기 때문이다. 그것은 바로 물질적인 성공의 꿈, 아메리칸드림이다. 직장 동료들과 비교했을 때 연봉도 적고 사회적 지위도 낮다. 거기서 오는 열등감과 남성성의 상처가 크다. 그는 이 상실감을 여성을 유혹하는 것으로 위로하고 상처받은 남성성을 만회하려 한다. 큰돈을 벌 능력은 없지만 잘생긴 외모라는 장점은 있으니까 말이다.

비프는 동생 해피보다 더 진지하다. 그는 지금 여자에게 관심이 없다. 여자보다는 자신의 진실한 모습에 대해서 진솔하게 소통하고 싶어 한다. 올리버 사장에게 사업 자금을 빌리려던 계획은 실패했다. 비서를 통해서 하루 종일 면담 요청을 했지만 올리버는 비프를 만나 주지 않았다. 퇴근하는 올리버를 붙잡아 겨우 만났지만 그는 비프를 알아보지도 못했다. 이때 비프의 마음은 어땠을까? 아마 화도 나고 모멸감도 들었을 것이다. 비프는 올리버의 빈 사무실에서 황금색 만년필을 훔쳐 나왔다. 몇 년 전에도 그의 가게에서 농구공 상자를 훔쳤는데 이번에 또 그런 짓을 한 것이다.

왜 그랬을까? 물론 어릴 때부터 있었던 비프의 도벽 때문이라고 할 수 있다. 하지만 이것은 비프의 성공에 대한 욕망의 표현으로 볼 수도 있다. 번쩍이는 황금색 만년필은 아무나 사용하는 것이 아니다. 사회적으로 성공한 사장님의 상징이다. 문학적으로 이것 역시 아메리칸드림의 상징이 된다. 따라서 현실에서 성취할 수 없는 타인의 성공을 훔쳐서라도 소유하고픈 비프의 욕망이다.

비프는 자신을 냉대하는 올리버 사장을 만난 후 현실을 직시하게 된다. 자신이 과거 올리버 회사의 정식 세일즈맨이 아니라 물품 배송 직원에 불과했음을 깨닫기 때문이다.

비프: 그때 난 깨달았어. 내 인생 전체가 얼마나 말도 안 되는 거짓말 덩어리였는지 말이야! 우리는 지난 15년 동안 꿈을 꾸고 있었어. 나는 그냥 물품 배송 직원이었다고. I realized what a ridiculous lie my whole life has been. We've been talking in a dream for fifteen years. I was a shipping clerk.(82)

이것은 비프의 정확한 현실 인식이다. 그는 자신이 그렇게 큰돈을 빌릴 수 있는 사람이 아니라는 것도 인식한다. 그리고 이것을 아버지도 아셔야 한다고 말한다. 아버지가 더 이상 자기에게 허황된 기대를 걸지 말아야 한다는 말이기도 하다.

해피는 동의하지 않는다. 그는 아버지에게 듣기 좋은 거짓말이라도 하라고 요구한다. 내일 올리버 사장과 점심 먹기로 약속했다는 식으로 말이다. 불편한 진실을 직면하기보다는 일단 회피하자는 것이다. 하지만 비프는 계속해서 아버지를 속일 순 없다며 거부한다.

가족 모두 큰 기대를 걸었는데 난감한 상황이 됐다. 물론 형의 말이 맞지만 해피는 인정하고 싶지 않다. 초라한 현실을 직시하는 것은 고통스러운 일이다. 그래서 용기가 있어야 가능하다. 결국 해피는 회피 쪽을 선택한다. 진지한 형과 달리 그는 여성 유혹에 더 집중한다. 그쪽에선 그가 더 잘할 수 있고, 자존심이 상처받지 않을 수 있기 때문이다.

상대 얘기를 잘 들어주는 것도 능력이다

월리가 마침내 식당에 도착한다. 당연히 월리는 비프 소식이 궁금하다. 올리버 사장을 만났는지, 투자금을 빌리는 데 성공했는지 말이다. 비프는 용기를 내서 아버지에게 진실을 말한다.

비프: (숨을 들이쉬고 손을 뻗어 월리의 손을 잡는다) 아버지… 전 오늘 큰 경험을 했어요. 처음부터 끝까지 하나도 빠짐없이 말씀드릴게요. 정말 이상한 날이었어요. (침묵. 비프는 주변을 둘러보고 최대한 자신을 가다듬지만, 숨소리 때문에 말이 고르지 못하다) 꽤 한참 기다려야 했어요. 그래서….

월리: 올리버 사장을?

비프: 예, 올리버 사장이요. 사실대로 말씀드리자면 하루 종일 기다린 셈이죠. 그리고 아주 많은 사실들을, 저 자신에 대한 사실들을 깨닫게 되었어요. 누가 그랬죠, 아버지? 대체 누가 제가 올

리버 사장 밑에서 세일즈맨으로 일했다고 얘기한 거죠?

윌리: 아니, 넌 세일즈맨이었잖아.

비프: 아뇨, 아버지. 저는 그냥 상품 배송부 직원이었어요.

윌리: 그렇지만 너는 실질적으로….

비프: (단단히 결심하고) 아버지, 누가 그런 말을 처음 했는지 모르겠지만 저는 올리버 사장 밑에서 세일즈맨으로 일한 적이 없어요.

윌리: 대체 무슨 소릴 하는 거냐?

비프: 아버지, 우리 오늘 밤엔 사실을 직면해 보자고요. 허풍 떨어서 되는 건 하나도 없어요. 저는 그냥 물품 배송부 직원이었어요.

윌리: (화가 나서) 그래, 이제 내 말 좀 들어 봐….

비프: 제 말을 끝까지 들어 보세요, 아버지.

윌리: 나는 과거에 이랬느니 저랬느니 하는 데는 관심 없다. 숲이 불타고 있거든. 무슨 말인지 알아? 온 사방으로 산불이 번져 오고 있어. 난 오늘 해고됐다.

비프: (경악한다) 아니, 어떻게요?

윌리: 난 해고당했고, 그래서 뭔가 좋은 소식이 필요해. 너희 엄마에게 희소식을 얘기해 주고 싶거든. 너희 엄마는 오랜 세월 기다려 왔고 마음고생도 많이 했으니까 말이다. 근데 내 머릿속엔 더 이상 말할 만한 것이 하나도 없단 말이야. 그러니 비프야, 사실이니 뭐니 하는 그런 말로 내게 설교하려 들지 마라. 난 관심 없어. 자, 무슨 얘기를 하려고 했더라? 그래, 올리버 사장을 만났냐?(83~84)

비프는 아버지에게 진실을 말하려고 하지만 대화가 안 된다. 서로의 생각과 입장이 너무 다르다. 진실을 말하자는 아들 심정도 이해가 가고, 좋은 소식이 필요하다는 아버지 마음도 이해가 간다. 이 상황에서 누가 옳고 그르다고 단정하기는 섣부르다. 그저 안타까울 뿐이다. 물론 액면 그대로 말하자면 비프의 말이 현실적이다. 그는 사실 올리버 회사의 물품 배송 직원에 불과했는데 아버지가 세일즈맨이라고 부풀렸을 가능성이 높다. 이왕이면 아들을 더 멋있게 표현한 것인데 이것에 대한 평가는 독자마다 다를 수 있다.

윌리는 지금 숲이 불타고 있다고 말한다. 이것은 윌리의 위기감을 대변한다. 지금 자신의 상황이 마치 산불이 나서 사방에 번지는 것과 같다는 비유적 표현이다. 기대했던 아들은 직장도 없이 방황하고 있고, 근근이 유지하던 직장마저 해고됐다. 보험료를 비롯한 집안 살림에는 아직도 돈이 필요하다. 가장으로서 왜 이런 마음이 안 들겠는가. 그러니 빨리 성공에 대한 좋은 소식이 필요하다는 거다.

비프는 아버지와 진실을 얘기하고 싶었지만, 못 한다. 강요에 가까운 아버지의 성화에 못 이겨 내일 올리버 사장과 점심 약속을 했다고 둘러댄다. 사장이 너를 따뜻하게 맞아 주더냐? 사장실에 들어가서 얘기했냐? 아니면 대기실에서 얘기했냐? 질문이 계속 쏟아져 나온다. 비프는 어쩔 수 없이 올리버 사장이 자신의 플로리다 사업 계획에 찬성했고 단지 대출금 액수만이 문제라고 말한다. 옆에서 해피도 거든다. 윌리는 자신이 듣고 싶은 것만 듣고 자기 좋을 대로 해석한 다. 비프는 아버지와의 진정한 대화가 불가능함을 느낀다.

사람 간의 대화가 어려울 때가 있다. 자신의 생각만 주장 하지 상대의 말은 듣지 않기 때문이다. 부모 자식 간에도 이 런 일이 발생할 가능성이 크다. 서로의 입장이 다르고 원하 는 바도 다르다. 하지만 불편해도 상대의 말을 끝까지 경청 하는 자세가 필요하다. 그래야 상대방의 관점도 이해할 수 있으니까 말이다. 이것도 능력이다. 이 장면에서 윌리는 이 것이 너무 부족했다. 쉽진 않지만 그래도 이렇게 할 수 있어 야 성숙한 사람이다.

25

내리사랑은 있어도 치사랑은 없다

비프는 내일 올리버 사장과의 점심 약속에 갈 수 없다고 말한다. 과거엔 농구공을 훔쳤고 이번엔 만년필을 훔쳤는데 무슨 낯으로 만날 수 있냐고 항변한다. 조금 전 했던 희망적인 말을 번복하는 것이다. 아버지는 실수로 가져온 것이니 돌려주면 된다고 하면서 갈 것을 강권한다. 두 사람의 대화는 점점 격해진다. 그러다 비프는 아예 그런 약속 자체가 없었다고 말해 버린다. 결국 두 부자는 식당에서 또다시 격렬하게 부딪치고 만다. 모처럼 삼부자가 외식하러 나와서 이게 무슨 꼴이란 말인가.

윌리의 의식이 혼미해진다. 아픈 과거가 또다시 떠오르는 것이다. 어린 시절의 버나드가 등장해서 비프가 수학 시험에 낙제했다는 말을 전한다. 이것은 아들 비프의 진로에 매우 중요한 일이다. 낙제하면 졸업이 안 되니까 당연히 대학 진학도 불가능해진다. 아마도 이 사건이 윌리의 의식 속에서 트라우마로 자리 잡은 듯하다. 그가 이렇게 중얼거린다.

> 윌리: 아, 그때 낙제만 안 했어도…. (중략) 모두 내 탓으로 돌리지 마라! 내가 수학에 낙제 맞은 것이 아니잖아. 네가 그랬지! 뭐 만년필이 어쨌다고?(87)

이윽고 환상 속에서 보스턴에서의 그날 밤도 떠오른다. 수학 시험에 낙제한 어린 비프가 아버지의 호텔 방을 찾아왔던 바로 그날이다. 그때 윌리는 문제의 '보스턴 여인'과 함께 있었다. 방문 노크가 계속되자 윌리는 여인을 욕실에 숨게 하고 방문을 열었다. 뜻밖에도 아들 비프가 서 있었다. 비프는 수학 시험에서 4점이 모자라서 낙제했고, 그 때문에 졸업을 할 수 없게 됐다고 말한다. 그러면서 아버지가 선생님을 만나 해결해 달라고 부탁한다.

> 비프: 번봄 수학 선생님이 절대 안 된대요, 아빠. 아무리 사정을 해도 점수를 못 주겠대요. 그러니까 아빠가 방학하기 전에 가서 얘기 좀 해 주세요. 우리 아빠가 어떤 사람인지 보면, 그리고 아빠가 말솜씨로 휘어잡으면 수학 선생님도 제게 점수

를 줄 수밖에 없을 거예요. 수학 수업이 연습 시간 바로 전에 있어서 자주 결석을 했어요. 선생님에게 얘기 좀 해 주세요, 예? 선생님이 아빠를 좋아할 거예요. 아빠는 말솜씨가 뛰어나잖아요.(93)

운동부라서 결석이 잦았고, 시험에 낙제한 것도 이해가 간다. 아무래도 운동과 공부를 다 잘하기는 쉽지 않을 테니 말이다. 하지만 고등학교 3학년짜리 비프의 생각이 너무 철없다는 느낌도 든다. 비프는 아버지가 선생님을 설득해서 시험 성적까지 바꿀 수 있을 거라고 철석같이 믿는다. 물론 아이 눈에는 아빠가 모든 것을 해결할 수 있는 전능한 신처럼 보일 수도 있다. 윌리는 당장 그렇게 해 주겠다고 말한다.

그런데 문제는 욕실에 숨어 있던 그 여인이 크게 웃는 바람에 들켜 버린 것이다. 당황한 윌리가 둘러댄다. 거래처 사람이고 그녀의 방에 페인트칠을 하고 있어서 잠시 욕실을 빌려준 것뿐이라고. 그러면서 여자에게 이젠 당신 방으로 가라고 여자를 내보낸다. 하지만 여자는 스타킹을 달라고 요구했고 윌리는 스타킹 한 상자를 주었다. 이걸 비프가 다 본 것이다.

여자가 나간 후 비프는 방바닥에 주저앉아 운다. 이젠 성적도 필요 없고, 대학도 안 가겠다고 말한다. 윌리는 그 여자는 아무것도 아니라면서 달래 보지만 소용이 없다.

비프: 저 이젠 대학 안 가요.

윌리: 뭐? 만약 선생님이 점수를 안 주면 계절학기로 보충하면 돼. 걱정하지 마라.

비프: (울음이 터져 나온다) 아빠….

윌리: (전염되어 같이 울먹이며) 그래, 내 아들아….

비프: 아빠….

윌리: 그 여잔 아무것도 아니야. 아빤 그냥 외로웠어. 너무 외로웠을 뿐이야.

비프: 아빠는… 아빠 그 여자에게 엄마의 스타킹을 줬어요! (눈물이 터져 나온 채로 일어나 가려고 한다)

윌리: (비프를 붙잡으며) 아빠가 시키는 대로 해!

비프: 건드리지 마세요. 이 거짓말쟁이!

윌리: 그 말 사과해.

비프: 사기꾼! 엉터리 위선자! 이 사기꾼!
You fake! You phony little fake! You fake!
(격앙되어 재빨리 돌아서서 엉엉 울며 여행 가방을 들고 나가 버린다. 윌리는 무릎을 꿇은 채 무대에 남아 있다)

윌리: 아빠가 시키는 대로 해! 비프. 당장 이리 오지 않으면 때려 줄테다. 이리 와. 혼내 줄 거야.(95)

이 장면에서 윌리는 보스턴 여인에게 "나는 너무 외로워(I'm so lonely)."(92)라고 말한다. 그리고 아들에게도 "아빠 외로웠어. 너무 외로웠을 뿐이야(I was lonely, I was terribly lonely)."(95)라고 반복해서 말한다. 이 말을 어떻게 이해해야 할까. 이 장면은 윌리의 치명적인 약점이 된다. 부인할 수 없는 그의 도덕적 결함을 보여 주기 때문이다. 하지만 여기서 그가 '외롭다'라는 것이 성적 욕망을 의미하는 것만은 아닐 것이다. 실적 부진과 성공에 대한 부담감에서 오는 공허한 마음일 수도 있다. 이유가 무엇이든 이 사건이 아들 비프에게 큰 상처를 준 것은 사실이다. 그래서 이날의 일은 그를 괴롭히는 평생의 족쇄가 된다.

윌리는 다른 누구도 아닌 바로 자신이 가장 사랑하는 아들에게 영원한 처벌을 받는 셈이다. 아이러니한 것은 아들은 아버지의 한 번 실수를 절대 용서하지 않는다는 점이다. 반면에 아버지는 아들의 수많은 허물을 감싸고 덮어 준다. 지나치다 못해 맹목적이라고 비난받을 정도로까지 아들의 허물에 눈을 감는다. 그래서 내리사랑이 아닐까.

아들은 여자들 앞에서 아버지가 창피하게 느껴졌나 보다. 그래서일까, 해피는 여자들에게 아버지를 모르는 사람이라고 말한다.

리타: 당신 아버님께 말씀드려야 하지 않나요?
해피: 아뇨. 우리 아버지 아니에요. 그냥 아는 사람인걸요. 자, 우리 동네가 떠들썩하도록 진탕 마시고 놀아 봅시다! 스탠리, 계산! 이봐, 스탠리!
No, that's not my father. He's just a guy. Come on, we'll catch Biff, and, honey, we're going to paint this town! Stanley, where's the check! Hey, Stanley!(91)

두 아들은 아버지를 식당에 버려 두고 여자들과 함께 가 버린다. 식당 화장실 바닥에서 횡설수설하는 윌리를 웨이터 스탠리가 부축해서 일으켜 세운다. 정신이 돌아온 윌리는 옷매무새를 가다듬는다. 아들이 줘서 괜찮다고 하는데도 윌리는 굳이 웨이터에게 팁을 찔러 준다. 그는 아무리 힘들어도 자신의 품위를 지키려고 애쓰는 사람이다. 웨이터에게 팁을 안 준다면 그건 신사의 품격에 맞지 않기 때문이다.

윌리는 근처에 씨앗 파는 가게가 있는지 묻는다. 스탠리는

6번가에 철물점이 있지만 지금은 시간이 너무 늦었을 거라고 말한다. 윌리는 그래도 심어야 한다며 씨앗을 사러 간다. 씨앗은 윌리의 희망을 상징한다. 아들 비프에 대한 희망 말이다. 윌리가 밤중임에도 씨앗을 사러 간다는 것은 그가 아무리 절망적인 상황이라 해도 희망을 포기하지 않는다는 것을 의미한다.

말로 주는 상처가 더 아프다

늦은 밤, 린다가 남편의 코트를 무릎 위에 걸치고 거실에 앉아 있다. 마침내 비프와 해피가 집에 들어온다. 식당 화장실 바닥에 아버지를 버려 두고 여자들과 놀다 온 것이다. 미안했는지 해피가 장미꽃 한 다발을 엄마에게 내민다. "어머니 드리려고 꽃 사 왔어요. 방에 꽂으세요, 어머니."(97)

하지만 엄마는 단단히 화가 났다. 꽃다발을 땅바닥에 팽개쳐 버린다. 아버지에게 저녁을 사드리겠다고 해 놓고선 식당에 버려 두고 가다니. 그것도 화장실에서 쓰러진 아버지를 나 몰라라 하면서 말이다. 엄마는 생판 모르는 남도 그렇게 하진 않을 것이라며 아들들을 질책한다. 엄마가 단호하게 말한다.

린다: 너희들 둘 다 여기서 썩 나가, 그리고 다신 돌아오지 마라! 더
　　 이상 아버지를 괴롭히지 마라. 당장 나가. 너희 물건 싹 다 들
　　 고! (비프에게) 넌 해피 아파트에 가서 자라. (꽃을 주우려다 멈
　　 춘다) 이것도 가져가. 더 이상 너희 종노릇 하지 않겠다. 주
　　 워. 당장! 이 못된 녀석들!(98)

　해피는 아버지가 즐거운 시간을 가졌다고 둘러댄다. 하지
만 비프는 다르다. 형답게 동생을 나무란다. 적당한 거짓말
로 상황을 회피하지 않겠다는 것이다. 비프는 이 문제에 정
직하게 직면하겠다는 단호한 태도를 보인다. 그래서 엄마와
아들 비프가 날카롭게 대립한다.

린다: 너! 너는 아버지가 괜찮은지 들어가 보지도 않았지!
비프: (자기에 대한 모멸감으로) 그래요, 안 갔어요. 그런 짓 따윈 안
　　 했다고요. 그래서 어쩔 건데요. 화장실에서 혼자 중얼거리든
　　 말든 그냥 나왔어요.
린다: 이런 망할 놈이 있나.
비프: 그래요, 맞아요. 잘 말씀하셨어요. (꽃다발을 쓰레기통에 처넣는
　　 다) 어머니는 지금 이 땅의 쓰레기 같은 놈을 보고 계시는 거
　　 예요!
린다: 여기서 당장 나가!
비프: 전 그 잘난 아버지랑 얘기 좀 해야겠어요. 어디 계세요?

> **린다:** 근처에도 가지 마라. 당장 이 집에서 썩 나가!
>
> **비프:** (확신과 결의에 차서 단호하게) 아뇨. 못 나가요. 전 아버지와 남자 대 남자로 얘기 좀 해야겠어요.
>
> **린다:** 말도 꺼내지 마라!(98-99)

'그래요, 저 쓰레기 같은 놈이에요, 그래서 어쩔 건데요.' 이 말처럼 부모 마음에 대못을 박는 말은 없다. 자식에게 쏟았던 그동안의 사랑과 노력을 한순간에 쓰레기로 만들어 버리는 말이기 때문이다. 내가 낳아 기르고 사랑한 자식을 쓰레기라고 생각하는 부모는 세상에 없다. 그래서 이 말은 부모 마음을 더 슬프고 아프게 한다.

부모 자식 간의 싸움은 참으로 마음 아프고 속상하다. 누구보다도 내가 가장 사랑하는 사람에게 상처 주는 일이기 때문이다. 자칫 마음에도 없는 말로 상대 마음을 할퀴기도 한다. 그래서 더 위험하다. 화가 나는 순간에 기억해야 한다. 말로 주는 상처가 더 아프고 오래간다는 것, 그리고 사랑하기에도 모자란 짧은 인생이라는 것 말이다.

아버지의 마지막 선물

월리가 한밤중에 씨앗을 심고 있다. 손전등을 비춰 가면서 씨앗 봉투에 적힌 파종 방법을 꼼꼼히 읽는다. 봉투에 적힌 대로 월리는 정성스럽게 씨앗을 심는다.

월리: 당근… 1센티미터씩 띄워서, 30센티미터씩 열을 짓고. (간격을 잰다) 30센티미터. (봉투 하나를 내려놓고 다시 간격을 잰다) 상추. (봉투 겉면을 읽고 내려놓는다) 30센티미터….(99)

마치 아들에게 정성을 쏟듯이 그는 씨앗 심기에 정성을 다한다. 남들이 보면 정신 나간 사람처럼 보일 것이다. 한밤중에 그것도 햇볕도 안 드는 땅에 씨앗을 심고 있으니까 말이다. 하지만 다르게 볼 수도 있다. 문학적으로 어두운 밤은 절망적인 현실을 의미하고 씨앗은 희망을 상징한다. 그러므로 이 장면은 절망적인 현실에도 굴하지 않고 희망을 품고 투쟁하는 비극적 영웅으로서의 윌리를 상징적으로 보여준다고 해석할 수도 있다.

이때 벤의 환영이 나타난다. 윌리는 하던 일을 멈추고 벤과 이야기한다. 그런데 평소와 달리 오늘은 윌리가 생기가 넘친다. 신이 난 듯하다. 왜 그럴까. 그건 윌리가 자신의 멋진 계획을 말하고 있기 때문이다.

윌리: 상당한 액수거든요. 으흠, 으흠, 아주 훌륭해요. 제 아내가 너무 고생을 했어요. 형님, 제 아내가 고생을 많이 했다고요. 무슨 말인지 아시죠? 남자가 빈손으로 왔다가 빈손으로 갈 순 없잖아요. 남자라면 세상에 뭔가를 남기고 가야죠. 형님은 그렇게 못 하죠. 형님은 그렇게 못 해요. 자, 생각해 보세요. 2만 달러가 확실하게 보장되어 있다는 것 잊지 마시고요. (중략)

벤: 얼마라고?

윌리: 최소 2만 달러라니까요. 빳빳한 현찰로 딱 보장되어 있단 말입니다.

벤: 남들 앞에서 우스운 꼴 당하는 건 아니겠지. 약관대로 지불해 주지 않을지도 몰라.

윌리: 그럴 리가요. 꼬박꼬박 보험료 내느라고 노새처럼 일했단 말

입니다. 그런데 돈을 안 줘요? 그건 말도 안 되죠.

벤: 그건 겁쟁이들이나 하는 짓이야. 윌리엄.

윌리: 왜요? 그럼 주머니에 돈 한 푼 없이 여생을 보내는 것이 더 용감한 일인가요?

벤: (굴복하며) 일리가 있군. 윌리엄. 게다가 2만 달러라면 손에 한 번 쥐어 볼 만도 하지.

윌리: (이제 확신에 차서 점점 더 힘을 주어) 형님, 바로 그게 매력이죠. 2만 달러가 어둠 속에서 빛나는 다이아몬드처럼 빛나는 게 보여요. 빨리 그놈을 집어서 주머니에 넣으라고 대기하고 있어요. 이건 약속이나 예약 따위하곤 다르죠! 형님, 이건 실없는 약속이 아니라서 아들놈 생각을 확 바꿔 놓을 거예요. 왜냐면 그놈은 내가 아무것도 아니라고 생각해서 애비를 아주 무시하거든요. 하지만 내 장례식은 어마어마할 거예요! 메인, 매사추세츠, 버몬트, 뉴햄프셔에서 모두들 올 거예요. 예전에 알던 사람들이 낯선 자동차 번호판을 달고 찾아오겠죠. 그러면 우리 아들놈은 벼락 맞은 것처럼 깜짝 놀랄 겁니다, 형님. 아들놈은 지 애비가 두루두루 아는 사람들이 많다는 것을 결코 알지 못했으니까요. 아버지가 이렇게 유명하다는 것을 알고는 깜짝 놀라겠죠.

벤: 그 애는 널 겁쟁이라고 할 걸, 윌리엄.

윌리: (갑자기 두려워져서) 안 돼요, 그건 끔찍한 일이에요.

벤: 그럼, 지독하게 바보 같은 짓이기도 하지. (중략) 그 애는 너를 미워할 거야.(99-100)

윌리는 지금 자살을 생각하고 있다. 아들에게 생명 보험금 2만 달러를 물려주기 위해서다. 아들이 비록 자신을 우습게 보지만 그래도 마지막으로 아들에게 아버지 역할을 제대로 하고 싶다. 아들이 필요한 사업 자금을 거뜬히 마련해 줌으로써 아버지의 사랑과 가치를 증명해 주려는 것이다. 그는 보험금 2만 달러가 마치 다이아몬드처럼 어둠 속에서 반짝반짝 빛나고 있다고 말한다. 형이 아프리카에서 다이아몬드를 발견했다면 윌리는 지금 자신의 죽음 속에서 그것을 발견한다. 그는 자신의 목숨값 2만 달러가 아들의 재기를 위한 발판이 될 것이라고 믿는다. 비프가 올리버 사장에게 빌리려고 했던 액수가 1만 달러였으니까 딱 두 배다. 그 정도면 사업 자금으로 충분할 것이다. 이것이 윌리가 아들에게 주는 아버지의 마지막 선물이다.

윌리는 자신의 장례식에 전국에서 많은 사람이 몰려올 것이라고 말한다. 그러면 비프가 아버지를 다시 보게 될 거로 믿는다. 물론 이것은 윌리의 착각이다. 현실을 모르는 미숙한 사람이란 비난을 받을 수도 있다. 맞는 비판이지만 다른 관점에서 볼 수도 있다. 아들에게 멋진 아버지로 인정받고 싶은 아버지의 순진한 욕망이라고 볼 수도 있지 않을까. 과거 어릴 때처럼 우리 아빠가 최고라고 믿었던 그 시절로 되돌아가고픈 욕망 말이다. 물론 어리석고 비현실적이라고 비판할 수도 있지만 윌리의 소신으로 볼 수도 있다.

윌리는 어떻게 하면 행복했던 과거의 시절로 돌아갈 수 있냐고 벤에게 묻는다. 아들들과 썰매를 타고, 희망과 가족애로 가득 찼던 그 시절로 말이다. 행복했던 그 시절은 부자였던 시절이 아니다. 크게 성공했던 시절도 아니다. 아이들이 우리 아버지를 최고로 알던 시절이다. 그리고 내일에 대한 희망이 있던 시절이다. 윌리는 바로 그 시절로 돌아가고 싶어 한다. 하지만 안타깝게도 과거로 되돌아갈 수는 없다.

나는 10원짜리 싸구려 인생이 아니야

비프가 아버지에게 다가가 집을 나가겠다고 말한다. "아버지, 작별 인사 하러 왔어요. 다시는 집에 오지 않을 거예요."(101) 물론 처음이 아니다. 과거에도 자주 그랬다. 비프는 집에 올 때마다 아버지와 다투고 집을 나갔다. 하지만 이번에는 더 심각하다. 다신 집에 오지 않겠다고 말하는 그의 태도가 사뭇 진지하기 때문이다. 다신 편지도 쓰지 않겠다고 말한다. 그냥 아들 하나 없는 셈 치라는 말이다. 어머니 린다 역시 아들의 말에 찬성한다.

> 린다: 그게 최선인 것 같아요, 여보. 서로 시간 끌어 봤자 소용없어요. 두 사람은 서로 맞지가 않아요.(102)

아버지는 아무 말이 없다. 그러자 비프는 아버지 마음에 상처 주는 말을 계속한다.

비프: 사람들이 제가 어디서 뭘 하는지 물어봐도 그냥 모른다고 하세요. 그깟 놈 신경 안 쓴다고요. 그래야 아버지도 제게서 마음이 떠나 새롭게 시작하실 수 있을 거예요. 그럼 됐죠? 그렇죠? 깔끔하게 끝난 거예요.(102)

세상에 이렇게 할 수 있는 모진 부모는 없다. 자식은 그럴 수 있을지 모르지만 부모는 못 한다. 그동안의 모습을 볼 때 윌리는 더더욱 못 한다. 그냥 아버지 속상하라고 하는 말이다.

비프가 행운을 빌어달라며 악수를 청하지만 윌리는 거절한다. 그러면서 대화는 점점 더 거칠어진다. 속상한 아버지도 이내 마음에도 없는 모진 말들을 한다. "그래, 그냥 이렇게 가 버려라."(103) 이 말에 비프가 진짜 나가려고 하자 아버지는 말로 제지한다. "이 집을 떠나거든 지옥에서나 타 죽어 버려라!" 막상 홧김에 나가라고는 했지만 못 가게 말리는 아버지의 마음이 엿보인다.

윌리는 아들이 아버지에게 "앙심(spite)"(103)을 품고 반항한다고 비난한다. 아들은 그게 아니라고 항변하며 아버지에게 대든다. 결국 비프는 아버지를 "위선자(phony)"(103)라고 부르며 보일러실에 있던 고무호스를 꺼내 보여 준다. 그러면서 아버지의 마음을 더 긁는다.

> 비프: 이게 뭔지 잘 아실 텐데요. 쥐새끼들이 이런 걸 지하실에 갖다 놓진 않았을 테니까요. 왜요, 이걸로 뭘 하려고요? 영웅(hero)이라도 되어 보시려고 그래요? 이렇게 해서 내가 아버지한테 미안해하도록? (중략) 그래봤자 아무도 동정하지 않아요. 그거 알아요? 아버지? 아무도 불쌍하게 생각하지 않는다고요!(103~104)

비프는 아버지가 진실을 알아야 한다고 말한다. 그래서 자신에 대한 허황된 기대를 버리라고 요구한다. 자신은 아버지가 기대하는 능력 있고 멋진 인간이 아니라는 것이다. 이 부분을 꼼꼼히 읽어 보자.

> 비프: 아버지는 진실을 알아야만 해요. 아버지는 누군지, 또 제가 어떤 놈인지 말이에요!
> 린다: 그만 해!
> 윌리: 저 반항하는 꼴 좀 봐!

해피: (비프에게 다가서며) 그만해, 이제!

비프: (해피에게) 아버진 우리가 어떤 인간인지 전혀 몰라! 이젠 아셔야 해! (윌리에게) 이 집에서는 단 10분도 진실을 얘기해 본 적이 없어요!

해피: 우린 언제나 진실만을 얘기했어!

비프: (해피에게 돌아서며) 이 허풍쟁이야, 네가 구매 담당 부주임이라고? 너는 부주임에 딸린 조수 중 하나일 뿐이야!

해피: 아니, 나는 실질적으로….

비프: 넌 실질적으로 그것뿐이야! 우리 모두 그래! 난 이제 여기서 벗어나야겠어. (윌리에게) 자, 아버지, 이게 저란 놈이에요.(104)

비프는 지난 석 달간 왜 자신의 주소가 없었는지도 얘기한다. 캔자스시티에서 옷 한 벌을 훔쳤다가 3개월간 교도소에 갔기 때문이라고 말한다. 자신이 사실은 이렇게 못난 아들이라는 것이다. 이것이 진실이니 더 이상 허황된 기대나 꿈을 갖지 말란 얘기다. 이 말에 어머니는 슬프게 운다. 당연히 아버지 마음도 찢어진다. 그는 다녔던 직장마다 도둑질 때문에 쫓겨났다고 자랑스럽게 말한다. 그러면서 그게 다 아버지가 어려서부터 자신을 대단한 아이로 띄워 놨기 때문이라고 아버지를 원망한다. 그래서 직장 상사 밑에서 지시받으며 하는 일은 할 수가 없었다고 말한다.

물론 비프의 말이 맞는 측면도 있다. 아버지가 좀 더 엄격하게 도벽을 훈육하고 겸손을 교육했어야 했다. 하지만 아버지가 아들 사랑에 눈이 멀어 다소 관대했던 측면이 있었지만 그렇다고 해서 이렇게까지 빗나가라고 하진 않았다. 안타깝다. 아들은 이렇게 아버지 마음에 상처를 준다.

비프의 독설은 여기서 끝나지 않는다. 그는 한 번 더 아버지에게 일격을 가한다. 말의 칼로 아버지의 마음을 후벼 파는 것이다.

비프: 아버지! 저는 10원짜리 동전 같은 싸구려 인생이에요, 아버지도 그래요.
      Pop! I'm a dime a dozen, and so are you!
윌리: (통제할 수 없이 격앙되어) 나는 10원짜리 싸구려 인생이 아냐!
      나는 윌리 로만이고, 너는 내 아들 비프 로만이라고!
      I am not a dime a dozen! I am Willy Loman, and you are
      Biff Loman!
      (비프는 윌리에게 다가서려 하지만 해피가 가로막는다. 격한 나머지
      비프는 거의 아버지를 칠 듯한 기세다)
비프: 저는 사람들의 리더가 되지 못하고요, 그건 아버지도 마찬가지예요. 아버진 열심히 일해 봤자 결국 쓰레기통으로 버려지는 세일즈맨일 뿐이잖아요. 저는 시간당 1달러짜리예요! 일

곱 개 주를 돌아다녔지만 그 이상 올려 받지 못했어요. 한 시간에 1달러짜리 인생이라고요! 무슨 말인지 아시겠어요? 저는 더 이상 집에 상장을 들고 들어오지 못해요. 그러니 아버지도 그런 건 기대하지 마세요!

윌리: (비프에게 대놓고) 이런, 악에 받친 개자식 같으니라고!

비프: (분노가 치밀어 올라서) 그래요 아버지, 저는 이런 놈이에요! 전 이렇게 별 볼 일 없는 놈이라고요! 모르시겠어요? 반항하는 게 아니에요. 전 그냥 이것밖에 안 되는 놈이라고요. 그것뿐이에요.

Pop, I'm nothing! I'm nothing, Pop. Can't you understand that? There's no spite in it anymore. I'm just what I am, that's all.(105)

맞다. 아들 말대로 오늘 아버지는 쓰레기통에 버려졌다. 바그너 상사에서 36년간 열심히 일했지만 해고당했다. 아들의 말이 비수가 되어 아버지의 마음을 찌른다. 남이 아니라 사랑하는 아들에게서 이 말을 들으니 더욱 슬프다.

마침내 비프의 분노가 제풀에 꺾인다. 비프는 아버지를 붙잡고 흐느낀다. 아버지는 말없이 아들을 가슴에 안고 아들의 얼굴을 만진다. 아들은 울면서 아버지에게 이렇게 말한다.

비프: (낙담하여 울면서) 아버지, 제발 저 좀 놓아주세요. 더 큰 일이 터지기 전에 제발 그 헛된 꿈을 버리고 태워 없앨 수 없나요? (자제하려고 애쓰며 일어나 계단으로 간다) 아침에 나갈게요. 아버지를 침대로 모셔다드리세요.

(crying, broken) Will you let me go, for Christ's sake? Will you take that phony dream and burn it before something happen?(106)

자신의 품에 안겨 우는 아들을 보면서 아버지가 말한다.

윌리: 여보, 놀랍지 않소? 비프가… 이 녀석이 나를 좋아해!
린다: 비프는 당신을 사랑해요, 여보!
해피: (깊이 감동하여) 언제나 그랬어요, 아버지.
윌리: 오, 비프! 내 아들! (흥분하여 응시한다) 그 녀석이 울었어. 나를 보고 울었다고! (사랑의 감정에 벅차 컥컥거린다. 자신의 믿음을 소리쳐 말한다) 저 애는… 저 애는 훌륭한 사람이 될 거야!(106)

윌리는 비프의 울음을 아버지에 대한 사랑의 표현으로 받아들인다. 그래서 그는 감격한다. 그리고 윌리는 또다시 아들에 대한 기대를 건다.

윌리: 저 애는... 저 애는 말이야, 아주 **훌륭한** 사람이 될 거야.
That boy, that boy is going to be magnificent!(106)

물론 이 모습을 보면서 아직도 윌리가 진실을 보지 못한다고 비난할 수도 있다. 심지어 혹자는 그가 아들만도 못하다고까지 혹평한다. 아들은 진실을 보는데 정작 아버지는 진실을 보는 눈이 없다고 말이다. 그래서 아버지가 아들보다 더 미숙하고, 비프가 오히려 형 같다고까지 말한다. 물론 충분히 그렇게 볼 수도 있다. 독자 여러분의 생각은 어떠신지.

하지만 좋게 보면 이 모습은 윌리의 변함없는 부성애일 수도 있다. 어리석고 고집스러운 집착이라 비난할 수도 있지만 비프의 강력한 소신이고 철학이다. 아들에 대한 희망을 포기하는 것은 윌리 자신을 포기하는 것과 다름없기 때문이다. 아들 비프는 윌리가 이루지 못한 꿈의 상징이기에 더욱 그럴 수밖에 없다. 과거 많은 우리 아버지들도 그랬다.

윌리는 바보일까? 비극적 영웅일까?

기진맥진한 비프는 자기 방으로 올라갔다. 린다가 이제 그만 자자고 권하지만 윌리는 조금만 혼자 있다 가겠다고 말한다. 잠이 올 것 같지 않으니 아내보고 먼저 자라는 거다. 린다가 미처 침실로 올라가기도 전에 윌리는 또 벤의 환영을 본다. 그리고 환상 속에서 형과 대화한다.

> 벤: 그래, 2만 달러만 받쳐준다면 비프는 탁월한 사람이 될 수 있겠지.
> 윌리: 이게 최선의 방법이야.
> 벤: 최선의 방법이지! (중략)
> 윌리: 아들 녀석은 나를 사랑해요. (벅차서) 항상 사랑했대요. 굉장한 일 아닌가요? 형님. 그 녀석은 제가 한 일을 칭송할 거예요.
> 벤: (희망차게) 어둡지만 다이아몬드로 가득 차 있지. (중략)
> 윌리: 호주머니에 2만 달러를 넣고 있으면 얼마나 근사하겠느냐고

요! (중략) 보험사에서 우편물이 오면 우리 아들이 다시 버나
드보다 앞서가게 될 거예요.

벤: 어디를 보나 완벽한 계획이군.

윌리: 저를 보고 우는 것 보셨어요? 입을 맞춰 주고 싶더라니까요,
형님!

벤: 시간이 됐어, 윌리엄, 시간이 됐어! (시계를 보며) 배가 떠나. 우
리 늦겠어. (어둠 속으로 서서히 움직인다)

윌리: (집을 향해서 구슬프게) 얘야, 공을 찰 때는 말이지, 70미터쯤
은 차야지. 공과 함께 경기장을 가로지르는 거야. 상대를 받
을 때는 낮고 세게 받아 버려야 해. 그게 중요한 거야. 스탠드
에 중요한 분들이 다 오셨어. 명심해야 할 것은…. (갑자기 혼
자 있음을 깨닫는다) 형님! 벤 형님, 어쩌라고요? (급하게 찾는
다) 형님, 전 어쩌라고요…?(107-108)

위층 침실에서는 린다가 계속 남편을 부른다. 이제 그만 빨
리 들어오라고 재촉한다. 하지만 윌리는 밖으로 나가 차에 시
동을 건다. 그리고 전속력으로 차를 몰고 나간다. 비프에게 생
명 보험금 2만 달러를 주기 위해서 자살을 하는 것이다. 그 2
만 달러로 비프는 다시 재기할 수 있고 그러면 다시 버나드보
다 앞서 나갈 수 있을 거라고 기대하면서 말이다.

무대에 부드럽고 무거운 첼로 독주가 흐른다. 비프와 해피

가 엄숙하게 검은 재킷을 걸친다. 린다와 찰리, 버나드 역시 상복을 입고 등장한다. 음악은 이내 장송곡으로 바뀐다. 윌리의 무덤 앞에 린다가 꽃을 놓고 무릎을 꿇는다. 모두 윌리의 무덤을 응시하는 것으로 2막이 끝난다.

자신의 죽음을 스스로 선택할 수 있는 것은 쉬운 일이 아니다. 강력한 소신이나 큰 용기가 필요한 일이다. 윌리는 아들의 재기를 위해서 기꺼이 그 일을 했다. 어쩌면 자기 자신을 위해서 했는지도 모른다. 아들에게 무능한 아버지로 기억되고 싶지 않다는 욕망, 즉 자신의 가치와 존엄을 지키기 위해서 했으니까 말이다.

작가 아서 밀러는 보통 사람도 비극의 주인공(tragic hero)이 될 수 있다고 말했다. 그가 자신의 가치와 존엄성을 지키기 위해서 목숨이라도 내려놓을 수 있는 사람이라면 말이다. 그렇게 본다면 윌리도 현대의 비극적 영웅이 될 수 있지 않을까?

고대 그리스 비극의 영웅들처럼 윌리도 아메리칸드림을 욕망한다. 그리고 고전 비극의 주인공처럼 윌리도 자신의 욕망을 추구하고 도전하다 인간의 한계에 부딪혀 결국 파멸한다. 시대 배경과 욕망의 대상이 다를 뿐 고전 비극의 주인공과 크게 다를 바 없다. 고전 비극의 주인공들 역시 도덕적으로 완전무결한 고상한 인물은 아니었다. 그들도 나름의 '비극적 결함(hamartia)'이 있었다. 윌리처럼 말이다. 그런 의미에서 윌리는 아서 밀러가 말하는 '보통 사람의 비극론'에 부합하는 인물이라고 볼 수 있다.

물론 동의하지 않는 사람도 있을 것이다. 그들은 비극적 영웅에게 필수적인 성숙한 자아 인식, 즉 자신에 대한 냉철한 각성이 윌리에겐 없다고 주장한다. 맞는 말이다. 하지만 없는 게 아니라 거부한 것일 수도 있다. 윌리도 자신의 비참한 현실을 알지만 인정하고 싶지 않았는지도 모른다. 그렇게라도 해야 자신을 지탱할 수 있었으니까 말이다. 힘든 현실에서 어쩌면 그것이 그를 지키는 강력한 방법이었을지도 모른다. 때로는 우직한 나만의 소신과 뚝심도 필요하다. 남에게 피해를 주지 않는다면 말이다. 그것이 나를 지키는 방법이다.

마침내 우리 집이 되는 날

    윌리의 장례식은 조촐했다. 그가 평소 말했던 것과 달리 조문객은 아무도 없었다. 가족 외엔 찰리와 버나드가 전부였다. 그렇게 인간관계에 신경 쓰고 강조했건만 정작 한 사람도 오지 않은 것이다. 린다의 이 말이 서글프게 들린다. "그이가 알던 사람들은 다 어디 갔죠? (110)" 어쩌면 인간관계란 참 허망한 것인지도 모른다. 이해득실에 따라 쉽게 변하는 게 인간이고 인정이다. 그렇게 보면 윌리는 영악한 세상에 속았다고도 할 수 있다.

    그들은 윌리의 무덤을 바라보며 그를 추억한다.

비프: 아버지는 세일즈일보다 현관 계단 만드는 데 더 정성을 쏟았어요.

찰리: 그랬지. 시멘트 한 포대만 있으면 더할 나위 없이 행복했던 사람이지.

린다: 그인 손재주가 대단한 사람이었어요.

비프: 꿈이 잘못된 거죠. 완전히, 완전히 잘못된 꿈이었죠.

He had the wrong dreams. All, all, wrong.

해피: (싸울 태세로) 그런 말 하지 마.

비프: 아버진 자기 자신을 끝까지 알지 못했어요.

He never knew who he was.

찰리: (해피의 움직임과 대꾸를 저지하며 비프에게) 아무도 자네 아버질 비난할 순 없어. 자넨 잘 몰라. 윌리는 세일즈맨이었어. 세일즈맨은 인생의 밑바닥에 머물러 있진 않아. 볼트와 너트를 짜 맞추지도 않고, 법칙을 제시하거나 치료약을 주는 것도 아냐. 세일즈맨은 반짝이는 구두를 신고 하늘에서 내려와서 미소 짓는 사람이야. 사람들이 그 미소에 답하지 않으면, 그게 끝이지. (중략) 세일즈맨은 꿈꾸는 사람이거든.

비프: 찰리 아저씨, 아버지는 자기 자신을 알지 못했어요.

해피: (분노하여) 그렇게 말하지 말라니까!(110~111)

비프는 끝까지 아버지를 이해하지 못한다. 물론 비프 말대로 윌리가 자신의 재능을 이해하지 못하고 적성에 맞지 않는 세일즈맨을 직업으로 삼아 왔는지도 그리고 현실을 제대로 인식하지 못했는지도 모른다. 서글픈 것은 아들을 위해 목숨까지 버리면서 사랑했는데 바로 그 아들이 아버지를 몰라준다는 것이다. 오히려 친구 찰리가 더 윌리를 이해해 준다. 반짝이는 구두를 신고 믿지 못할 사람들 마음을 얻으려 애썼던 세일즈맨 윌리를 친구는 이해한다. 그런 따뜻한 인간적인 유대와 인정이 사라진 각박한 현실이 문제이지 윌리의 꿈 자체가 잘못된 것은 아니라는 것이다.

해피는 아버지를 이해한다. 함께 서부로 가자는 비프의 제안을 거절하면서 해피가 이렇게 말한다.

> 해피: 난 형과 다른 사람들에게 윌리 로만이 헛되이 죽은 게 아니라는 걸 보여 주겠어. 아버지에겐 멋진 꿈이 있었어. 유일한 꿈이었지. 최고가 되는 것 말이야. 아버지는 여기서 그걸 위해 싸웠고, 내가 아버지 대신 여기서 그 꿈을 쟁취할 거야.(111)

말만 들어도 고맙다. 설사 그 꿈을 이루지 못한다 해도 아버지의 마음을 이해해 주는 것만으로도 기특하다. 비프는 이런 동생도 이해하지 못한다. 그저 절망적인 눈빛으로 동생을 바라볼 뿐이다. 앞에서도 서술했지만 누가 옳은지는 독자 각자의 판단일 것이다. 물론 많은 비평가는 비프의 손을 들어 준다. 그가 더 성숙한 자아 인식에 도달했다는 것이다.

비프가 이제 그만 돌아가자고 말한다. 하지만 린다는 움직이지 않는다. 자식과 달리 린다는 남편의 무덤가를 쉽게 떠나지 못하고 있다. 린다는 잠깐만 더 있고 싶다고 말한다. 아직 작별 인사도 제대로 하지 못했다면서 말이다. 모두가 떠나고 남편 무덤 앞에 린다가 홀로 서 있다. 그녀의 마지막 대사가 우리를 슬프게 한다.

린다: 미안해요, 여보. 울 수가 없어요. 나는 이해가 안 돼요. 왜 그런 짓을 했어요? 도와줘요, 여보. 난 울 수가 없다고요. 당신이 그냥 출장 간 것만 같아요. 난 계속 기다릴 거예요. 여보, 눈물이 나오지 않아요. 왜 그랬어요? 아무리 생각하고, 생각하고, 또 생각해 봐도 알 수가 없어요, 여보. 오늘 주택 할부금을 다 갚았어요. 오늘 말이에요. 그런데 이제 우리 집엔 아무도 없어요. (린다의 목에서 흐느낌이 솟아오른다) 이제 우리는 빚진 것도 없이 자유로운데요. (더 큰 흐느낌이 흘러나온다) 자유롭다고요. (비프가 천천히 린다에게 다가온다) 자유롭다고요. 자유….(111-112)

린다를 보면서 마음이 찡하다. 사실 눈물도 나온다. 린다는 남편의 죽음을 받아들이기 어렵다. 그래서 울 수도 없다. 늘 그랬듯이 오늘도 그냥 멀리 출장 간 것만 같다. 왜 안 그렇겠는가. 금방이라도 현관문을 열고 '여보, 나 왔어' 할 것만 같다. 대단한 것 같지만 사실 삶과 죽음의 경계가 그리 크지 않다.

오늘 주택 할부금을 다 갚았다. 지난 35년 동안 꼬박꼬박 부었던 할부금이다. 그 힘든 과정을 끝내고 드디어 오늘 우리 집이 된 것이다. 그런데 슬프게도 이젠 그 집에 사람이 없다. 문학적 상징으로 이것이 우리의 사는 모습이 아닐까. 애쓰고 고생해서 목표에 도달했을 때 정작 우리가 없을지도 모른다. 그러니까 목표만 볼 것이 아니라 목표로 나아가는 오늘이 더 소중하다는 것도 알아야 한다.

린다는 오늘 마침내 자유롭게 됐다며 울먹인다. 하지만 아이러니하게도 윌리에게 자유는 죽음을 의미했다. 죽음을 통해서만 그가 비로소 자유로워질 수 있었다고도 볼 수 있다. 그동안 그를 억누르던 모든 책임과 의무, 성공에 대한 허망한 욕망에서 벗어날 수 있었으니까. 이것은 우리들에게 많은 생각거리를 제공한다. 작가의 예리한 사회비판 의식도 살짝 엿보인다.

비프가 흐느끼는 린다를 부축하며 데려간다. 해피도 린다를 따른다. 무대가 어두워지면서 구슬픈 플루트 음악이 흐른다. 그리고 막이 내린다.

에필로그

사람들은 정확하게 보는 것이 중요하다고 말합니다. 세상과 나를 있는 그대로 보는 것 말입니다. 그래야 정확한 현실 인식이 가능하기 때문입니다. 이것을 토대로 우리는 더 성장하고 발전할 수 있다는 것이죠.

맞는 말입니다. 정확하게 현실을 직시하고 진실을 아는 것은 매우 중요합니다. 하지만 때로는 진실은 위험하고 가혹할 수도 있습니다. 그래서 다루기 더 조심스럽습니다. 특히 실패와 좌절로 마음의 상처가 큰 사람들에겐 더 그렇습니다. 이들에게 현실을 직시하라고 요구하는 것은 잔인할 수도 있습니다. 겨우 감추고 있는 치부를 드러내라는 것과 같으니까요.

굳이 아픈 상처에 현미경을 들이대고 조목조목 파고들 필요는 없습니다. 꼭 필요한 경우가 아니라면 적당히 덮어 주고 모른 척해 주는 아량도 필요합니다.

어쩌면 윌리 로만은 바로 그런 아량이 필요한 사람입니다. 세일즈맨으로서, 남편으로서, 그리고 아버지로서 그의 현실은 초라합니다. 영업 능력이 뛰어나지도 못하고, 남편으로서 실수도 했고, 자녀 교육도 잘하지 못했죠. 36년간 열심히 뛰어다니며 일했지만 성공하지 못했고, 결국 회사에서 해고됩니다. 이런 윌리에게 당신의 비참한 현실을 직시하라고 요구한다면 너무 가혹하지 않을까요?

허풍일 수도 있지만 어쩌면 윌리의 방식이 더 현명했는지도 모릅니다. 남들의 관점이 아닌 자신의 철학으로 세상을 살았으니까요. 그 덕분에 아무리 힘든 상황에서도 그는 좌절하지 않고 버텨낼 수 있었습니다. 그리고 아버지로서 자신의 소중한 가치와 존엄성도 지켜 냈습니다. 비록 아들조차 이것을 알아주지 않는다 해도 말입니다. 남들이 비웃을지는 모르지만 그래도 그는 소신껏 살았습니다. 그래서 아서 밀러는 윌리를 현대의 비극적 영웅(tragic hero)으로 제시하는지도 모릅니다.

 우리도 나만의 철학이 필요합니다. 철학이라고 해서 굳이 거창할 필요는 없습니다. 타인의 삶이 아닌 나의 삶을 살 수 있는 분명한 내 생각이면 됩니다. 주변에 의해 흔들리다 보면 진정한 나를 잃어버릴 위험성이 크기 때문입니다. 성공과 실패의 기준도 내가 정해야 합니다. 팩트(fact)가 중요하지만 팩트를 바라보는 나의 마음이 더 중요합니다. 내 인생의 평가는 내 기준으로 내가 하는 것이 필요합니다. 남이 아닌 바로 내 인생이기 때문입니다. 타인에게 피해를 주지 않는 한 나의 철학으로 나의 인생을 사는 것은 멋진 일입니다. 그래야 진정한 내 인생의 주인공(hero)도 될 수 있지 않을까요?

 윌리처럼 말입니다.

세일즈맨의 죽음

1판 1쇄 발행 2023년 11월 10일
지은이 박용남

교정 신선미   **편집** 윤혜원   **마케팅·지원** 김혜지
펴낸곳 (주)하움출판사   **펴낸이** 문현광

이메일 haum1000@naver.com   **홈페이지** haum.kr
블로그 blog.naver.com/haum1000   **인스타** @haum1007

ISBN 979-11-6440-450-6(93700)

좋은 책을 만들겠습니다.
하움출판사는 독자 여러분의 의견에 항상 귀 기울이고 있습니다.
파본은 구입처에서 교환해 드립니다.